Z 33021

Dijon
1800-1803
Bacon, François
Œuvres

janvier   Tome 2

Z. 2410
E—2.

33008

OEUVRES

DE

FRANÇOIS BACON,

CHANCELIER D'ANGLETERRE.

TOME SECOND.

A PARIS,

CHEZ ANT. AUG. RENOUARD, LIBRAIRE,
RUE ANDRÉ-DES-ARCS, N°. 42.

OEUVRES

DE

FRANÇOIS BACON,

CHANCELIER D'ANGLETERRE,

TRADUITES PAR Ant. LASALLE;

Avec des notes critiques, historiques et littéraires.

TOME SECOND.

A DIJON,

DE L'IMPRIMERIE DE L. N. FRANTIN.

AN 8 DE LA RÉPUBLIQUE FRANÇAISE.

DE LA DIGNITÉ
ET
DE L'ACCROISSEMENT
DES SCIENCES.

LIVRE III.

CHAPITRE PREMIER.

Division de la science en théologie et philosophie. Division de la philosophie en trois doctrines, qui ont pour objet, Dieu, la nature et l'homme. La philosophie, première constituée, mère de toutes les sciences.

Toute histoire, roi plein de bonté, marche terre à terre, et sert plutôt de guide que de flambeau. Quant à la *poésie*, ce n'est qu'une sorte de *rêve savant;*

genre de doctrine qui sans contredit ne manque pas de douceur et de variété, et qui veut paroître avoir je ne sais quoi de divin; prérogative que les songes lui disputent. Mais il est temps que je m'éveille et que je m'élève de terre, en sillonnant le liquide éther de la philosophie et des sciences.

La science est semblable aux eaux. Or, de ces eaux, les unes viennent du ciel; les autres jaillissent de la terre. La première distribution des *sciences* doit aussi se tirer de leurs sources. De ces sources, les unes sont situées dans la région supérieure; et les autres, ici-bas. Car toute science se compose de deux sortes de connoissances : l'une est inspirée par la divinité; l'autre tire son origine des sens. Quant à cette science qu'on répand dans les esprits par l'*enseignement*, elle est *acquise*, et non *originelle*. Et il en est de même des *eaux*, qui, outre leurs sources primitives, s'enflent de tous les ruisseaux qu'elles reçoivent. Nous diviserons donc la science en *théologie* et *philosophie*. Par *théologie*, on entend ici la *théologie inspirée* ou *sacrée*, et non la *théologie naturelle*, dont nous parlerons dans un moment. Mais quant à la première, je veux dire celle qui est *inspirée*, nous la réservons pour la fin de cet ouvrage, et c'est par elle que nous le terminerons; vu qu'elle est comme le port et le lieu de repos de toutes les spéculations humaines.

La philosophie a trois objets : *Dieu*, la *nature* et l'*homme*. Et les *rayons* par lesquels les choses nous éclairent, sont aussi de trois espèces. La *nature* frappe l'entendement par un rayon *direct*. La *divinité*, à cause de l'inégalité du milieu (je veux dire, des *créatures*), le frappe par un rayon *réfracté*. Enfin, l'*homme*, montré et présenté à lui-même, le frappe par un rayon *réfléchi*. Il convient donc de diviser la philosophie en trois doctrines; savoir : doctrine sur *Dieu*, doctrine sur la *nature*, doctrine sur l'*homme*. Or, comme les divisions des sciences ne ressemblent nullement à des lignes différentes qui coïncident en un seul point; mais plutôt aux branches d'un arbre, qui se réunissent en un seul tronc; lequel, dans un certain espace, demeure entier et continu, il est à propos, avant de suivre les membres de la première division, de constituer une *science universelle*, qui soit la mère commune de toutes les autres, et qu'on puisse regarder comme une portion de route qui est commune à toutes, jusqu'au point où ces routes se séparent et prennent des directions différentes. C'est cette science que nous décorons du nom de *philosophie première*, ou de *sagesse* (ce qu'on définissoit autrefois la *science des choses divines et humaines*); mais cette science n'en a point qui lui réponde et qui lui soit opposée; vu qu'elle diffère plutôt des autres, par les limites où elle est circonscrite, que par le fond et le sujet même; car elle ne considère que ce que les choses ont de plus élevé que leurs *sommités*. Or cette science, je ne sais trop si elle doit être rangée parmi les *choses à suppléer*; mais, toute réflexion faite, je crois qu'elle y doit être classée. En effet, je trouve bien un certain fatras, une masse indigeste de matériaux tirés de la *théologie naturelle*, de la *logique*, de quelques parties de la *physique*, comme de celles qui ont pour objet les *principes* et l'*ame*; masse qu'à l'aide de cette pompe de style, propre aux hommes qui aiment à s'admirer eux-mêmes, l'on a placée comme au sommet des sciences. Quant à nous, méprisant ce faste, nous voulons seulement qu'on désigne quelque science qui soit le réservoir des axiômes; non de ceux qui sont propres à chaque science particulière, mais de ceux qui sont communs à plusieurs.

Qu'il y ait un grand nombre de tels axiômes, c'est ce dont on ne peut pas douter. Par exemple, *si, à deux quantités inégales on ajoute deux quantités égales, les deux sommes seront inégales :* c'est une règle de *mathématiques*. Mais cette même règle a lieu en *morale*, du moins quant à la *justice distributive*; car, dans la justice commutative, la raison d'équité veut qu'on assigne à des hommes inégaux des choses égales : mais, dans la distributive, ne pas donner à des hommes inégaux des choses inégales, ce seroit commettre une très grande injustice. *Deux choses, qui s'accordent par rapport à une troisième, s'accordent aussi entr'elles;* est encore une règle de *mathématiques;* mais de plus elle a, en logique, une telle influence, qu'elle est le fondement du *syllogisme. C'est dans les plus petites choses que la nature se décèle le mieux.* Cette règle a tant de force en *physique*, qu'elle a produit les atomes de Démocrite. Cependant c'est avec raison qu'Aristote en a fait usage en *politique*, lui qui, de la considération d'une *simple famille*, s'élève à la connoissance de la *république. Tout change, rien ne périt;* c'est encore là une règle de *physique*, qu'ordinairement on énonce ainsi : *la quantité de la matière n'augmente ni ne diminue.* Cette même règle convient à la *théologie naturelle,* pour peu qu'on lui donne cette autre forme : *faire quelque chose de rien, ou réduire quelque chose au néant, sont des actes qui n'appartiennent qu'à la toute-puissance.* Et c'est ce que témoigne aussi l'écriture. *J'ai appris que toutes les œuvres que Dieu a faites, demeurent éternellement; nous ne pouvons y rien ajouter ni en rien retrancher. On empêche la destruction d'une chose en la ramenant à ses principes,* est une règle de *physique.* Cette même règle a sa force en *politique* (et c'est ce que Machiavel a judicieusement remarqué), vu que le principal moyen pour empêcher les républiques de périr, est de les réformer et de les ramener aux mœurs antiques. *Une maladie putride est plus contagieuse dans ses commencemens, qu'à son point de maturité;* c'est encore une règle de *physique*, qui s'applique très bien à la *morale :* les hommes les plus dissolus, les scélérats les plus décidés corrompent moins les mœurs publiques, que ceux dont les vices sont alliés de quelques (1) vertus, et qui ne sont qu'en partie méchans. *Ce qui tend à conserver la plus grande forme* (2), *agit plus puissamment*, est aussi une règle en *physique*. En effet, cette loi en vertu de laquelle les corps s'opposent à leur *solution de continuité*, et empêchent ainsi que le *vide n'ait lieu*; cette loi, dis-je, tend à la conservation du grand tout. Mais cette autre loi, par laquelle les corps graves tendent à se réunir à la masse du globe terrestre, tend seulement à conserver la région des corps denses (3).

---

(1) Les premiers font horreur, et personne n'est tenté de les imiter; au lieu que dans ces personnages mixtes, ce qu'ils ont de bon, et sur-tout de *brillant*, portant à les imiter en tout, fait ainsi qu'on imite ce qu'ils ont de mauvais. Alcibiade et Lovelace, modèles dangereux !

(2) Ce mot *forme* ainsi employé, signifie *loi de la nature*, comme on le peut voir ici dans les exemples qu'il va donner, et qui déterminent sa signification.

(3) Ce sont ici deux apperçus, ou plutôt deux simulacres de la force de gravité et de la force de cohésion, dont on a tant parlé depuis.

Ainsi le premier de ces mouvemens maîtrise-t-il le dernier. La même règle a lieu en *politique* : *ce qui tend à conserver la forme même de gouvernement dans sa nature propre, est plus puissant que ce qui contribue seulement au bien-être des membres individuels de la république.* Cette même règle s'applique aussi à la *théologie*. Car la charité, qui, de toutes les vertus, est la plus communicative, tient le premier rang parmi les vertus théologales : *la force d'un agent est augmentée par l'antipéristase de son contraire*, est une règle en *physique* ; règle qui, en *politique*, a des effets étonnans. Car toute faction est violemment irritée par l'opposition de la faction contraire (1). *Une dissonance qui se termine*

---

(1) La signification générale de ce mot a été déterminée dans la dernière note du premier volume ; mais d'ailleurs ce passage n'a pas besoin d'autre explication ; les événemens dont nous sommes témoins depuis dix ans, le commentent beaucoup mieux que nous ne pourrions le faire.

tout-à-coup par un accord, rend l'harmonie plus agréable; c'est une règle en *musique.* Mais cette même règle a lieu en morale et dans les passions. Ce *trope* musical, qui consiste à échapper tout doucement à la finale ou à la désinence, au moment où l'on s'y croit arrivé, ressemble à cette figure de rhétorique, qui consiste à éluder l'attente. Le son tremblottant de certains instrumens à corde, procure à l'oreille le même plaisir que donne à l'œil la lumière qui joue dans l'eau, ou dans un diamant.

L'océan brille d'une lumière tremblottante.

Les organes des *sens* ont de l'analogie avec les organes de l'*optique.* C'est ce qui a lieu dans la *perspective.* Car l'œil est semblable à un miroir ou aux eaux (1).

---

(1) Quelle partie de l'œil peut-on comparer à un miroir ? Ce n'est certainement pas la partie antérieure, ni le milieu, puisque les rayons de lumière

Et dans l'*acoustique*, l'organe de l'ouie a de l'analogie avec cet obstacle qui, dans une caverne, arrête le son et produit un écho (1). Ce petit nombre de principes communs à différentes sciences doit suffire à titre d'exemples. Il y a plus : la *magie* des Perses, qui a fait tant de bruit, consistoit en cela même, à observer ce qu'il y a d'analogue et de commun dans les composés, soit de l'ordre naturel, soit de l'ordre politique. Mais tout ce que nous venons de dire et ce qu'on peut dire de semblable, il ne faut pas le regarder comme de simples similitudes (comme pourroit le penser tel qui

---

traversent les trois humeurs de l'œil ; c'est tout au plus cette partie de la rétine, ou, si l'on veut, de la choroïde, sur laquelle se réunissent ces rayons.

(1) L'*écho* n'est qu'un son réfléchi : il est, pour l'ouie et l'oreille, ce qu'est pour l'œil et la vue l'image réfléchie par un miroir. On a prouvé, par une infinité d'expériences, l'*analogie* de la marche des rayons *sonores* avec celle des rayons de *lumière*.

manqueroit d'une certaine pénétration); mais ce sont des vestiges, des caractères de la nature, absolument identiques ; caractères qu'elle a imprimés à différentes matières et à différens sujets. C'est une science que jusqu'ici l'on n'a point traitée avec le soin qu'elle mérite. Tout au plus dans les écrits émanés de certains génies élevés, trouverez-vous, répandus çà et là, quelques axiômes de cette espèce, et seulement à l'usage du sujet qu'ils traitent. Mais un corps de pareils axiômes qui, étant comme le sommaire, comme l'esprit de toutes les sciences, puissent, en en donnant une première teinte, en faciliter l'étude, personne ne l'a encore composé, et ce seroit pourtant de tous les ouvrages le plus propre pour faire bien sentir l'unité de la nature : ce qui est regardé comme l'office de la *philosophie première*.

Il est une autre partie de cette philosophie première, qui, si l'on ne regarde qu'aux mots, est ancienne ; mais si l'on envisage la chose même que nous avons en vue, est vraiment neuve : je veux parler d'une recherche sur les *conditions accidentelles* des êtres ; conditions auxquelles nous pouvons donner le nom de *transcendantes* : par exemple, sur ce qui, dans la nature, est en *grande* ou en *petite quantité*, *semblable* ou *différent*, *possible* ou *impossible*, et même sur l'*être* et le *non-être*, et autres choses semblables ; car de telles recherches ne sont pas proprement l'objet de la *physique* ; et une dissertation purement *dialectique* sur ce sujet, est plus appropriée aux méthodes d'argumentation, qu'à la réalité des choses. Or, une recherche de cette importance, au lieu de l'abandonner comme on l'a fait, on devoit lui donner quelque place dans les divisions des sciences. Cependant notre sentiment est que le sujet doit être traité d'une toute autre manière qu'on ne le traite ordinairement. C'est ainsi que de tous ceux qui ont parlé de la grande et petite quantité des choses, il n'en est aucun qui ait eu pour but d'expliquer pourquoi, dans la nature, certaines choses sont en si grande abondance et si communes, ou le pourroient être, tandis que d'autres sont si rares et en si petite quantité. Par exemple, il ne se peut que dans la nature il y ait autant d'or que de fer, autant de rose que d'herbe, autant de corps spécifiques que de corps non spécifiques (1): il en est peu aussi qui, en parlant de la similitude et de la diversité, nous aient dit pourquoi l'on trouve toujours comme interposés entre les diverses espèces, certains êtres *mi-partis* qui sont d'une espèce équivoque; comme la mousse (2),

---

(1) Il entend par *corps spécifiques* les composés qui ont une certaine régularité, ou du moins une certaine forme déterminée, et qui sont assez multipliés pour composer ce que nous appellons *une espèce*, tels que sont les *animaux*, les *végétaux* et les *minéraux*.

(2) On a découvert, à l'aide du microscope, que la *mousse* n'est qu'un assemblage de petites plantes, qui ont toutes des parties aussi distinctes, et une conformation aussi régulière que les grandes; plantes qui, par leur réunion, forment une

entre la matière putride et la plante ; les poissons qui s'attachent à un certain lieu, et qui n'en bougent pas, entre l'animal et la plante ; les souris, les rats et autres êtres semblables, entre les animaux qui naissent de la putréfaction et ceux qui proviennent d'une semence ; les chauve-souris, entre les oiseaux et les quadrupèdes ; les poissons volans (qui sont déja très connus), entre les oiseaux et les poissons ; les *phoques*, entre les *poissons* et les *quadrupèdes* (1) et autres êtres de

---

sorte de petit jardin : il en est de même de ce moisi qu'on voit sur les corps qui sont restés long-temps humides, et qui n'est qu'une sorte de petite mousse.

(1) Quelques naturalistes désignent par le nom de *phoques* une classe d'animaux amphibies, qui pour la plupart ont quelque analogie avec des animaux terrestres, et auxquels on donne les mêmes noms, tels que le *loup marin*, la *vache marine*, le *lion marin*, etc. de cette classe étoit cet animal qu'on montroit à la foire Saint-Germain en 1779, sous le nom de *grand phoque*, et dont la face avoit beaucoup d'analogie avec le visage humain. Dans les mois de juin et de juillet suivans, je fis deux cents lieues en Italie avec celui qui l'avoit pris ; c'étoit un prêtre Dalmate, déguisé en laïc.

cette nature. On n'a pas non plus cherché pourquoi, malgré ce principe qui dit : *que le semblable* cherche *son semblable*, le fer n'attire pas le fer, comme le fait l'aimant ; et pourquoi l'or n'attire pas l'or, quoique ce métal attire le mercure.

Sur toutes ces choses et autres semblables, dans les dissertations qui ont pour objet les *choses transcendantes*, on garde un profond silence ; car l'on s'attache plus à ce qui peut donner de l'élévation au discours qu'à ce qu'il y a de plus caché dans les choses mêmes. Ainsi une recherche sincère et solide sur ces choses *transcendantes* ou *ces conditions accidentelles des êtres*, non pas d'après les loix du discours, mais d'après les loix de la nature, doit trouver place dans la *philosophie première*. Mais en voilà assez sur la *philosophie première* ou la *sagesse*, que nous avons, avec quelque sorte de raison, classée parmi *les choses à suppléer*.

CHAPITRE II.

De la théologie naturelle, et de la doctrine qui a pour objet les anges et les esprits; doctrine qui en est un appendice.

Ayant donc, pour ainsi dire, installé sur son siége, *la mère commune des sciences*, semblable à la déesse *Cybele*, qui voit avec complaisance les cieux peuplés de sa nombreuse lignée, revenons à cette division de la *philosophie* en trois espèces; savoir: la *philosophie divine, naturelle* et *humaine*; car ce n'est pas avec moins de fondement que la *théologie naturelle* est qualifiée de *philosophie divine*. Or, s'il s'agit de définir cette dernière, disons que c'est une science, ou plutôt une étincelle de science, telle tout au plus qu'on peut l'acquérir sur Dieu par la lumière naturelle et la contemplation des choses; science qui peut être regardée comme divine quant à son objet, et comme naturelle quant à la manière dont elle est acquise. Actuellement si nous voulons marquer les vraies limites de cette science, nous dirons qu'elle est destinée à réfuter l'athéisme, à le convaincre de faux, à faire connoître la loi naturelle, qu'elle ne s'étend que jusques-là, et qu'elle ne va point jusqu'à établir la religion. Aussi voyons-nous que Dieu ne fit jamais de miracle pour convertir un athée, attendu que la lumière naturelle suffisoit à cet athée pour le conduire à la connoissance de Dieu ; mais les miracles ont eu pour but manifeste la conversion des idolâtres et des hommes superstitieux, qui, à la vérité, reconnoissoient la Divinité, mais qui s'abusoient par rapport au culte qui lui est dû. La seule lumière naturelle ne suffit pas pour manifester la volonté de Dieu, et pour faire connoître son culte légitime ; car de même que les œuvres montrent bien la puissance et l'habileté de l'ouvrier, et ne montrent point son image; de même aussi les œuvres de Dieu peignent, il est vrai, la sagesse et la puissance de l'auteur de toutes choses, mais ne tracent nullement son image; et c'est en quoi l'opinion des païens s'éloigne de la vérité sacrée : selon eux, le monde est l'image de Dieu; et l'homme, l'image du monde. Mais la sainte écriture ne fait point au monde cet honneur de le qualifier, en quelque lieu que ce soit, d'image de Dieu, mais seulement d'ouvrage de ses mains ; c'est l'homme qu'elle qualifie d'image de Dieu, le plaçant immédiatement après lui : et quant à la manière de traiter ce sujet; que Dieu existe, qu'il soit souverainement puissant, sage, prévoyant et bon, qu'il soit le rémunérateur et le vengeur suprême, qu'il mérite notre adoration : c'est ce qu'il est facile d'établir et de démontrer même par ses œuvres. On peut aussi, sous la condition d'une certaine réserve, tirer de la même source et dévoiler une infinité de vérités admirables et cachées, sur ses attributs, et beaucoup plus encore, sur la manière dont il régit et dispense toutes choses dans l'univers ; c'est un sujet que quelques écrivains ont traité dans des ouvrages vraiment utiles : mais vouloir, d'après la seule contemplation des choses naturelles, et les seuls principes de la raison humaine, raisonner sur les mystères de la foi, ou même les persuader avec plus de force, ou encore les analyser dans un certain détail et les éplucher, c'est, à mon sentiment, une entreprise dangereuse. *Donnez à la foi ce qui appartient à la foi;* car les païens eux-mêmes, dans cette fable, si connue et vraiment divine, sur la chaîne d'or, accordent cela même, *que ni les dieux ni les hommes ne furent assez forts pour tirer Jupiter des cieux sur la terre; mais que Jupiter le fut assez pour tirer de la terre dans les cieux et les hommes et les dieux:* ainsi ce seroit faire d'inutiles efforts que de vouloir adapter à la raison humaine les célestes mystères de la religion. Il conviendroit plutôt d'élever notre esprit jusqu'au trône de la céleste vérité afin de l'adorer. Ainsi, tant s'en faut que, dans cette partie de la théologie naturelle, je trouve quelque chose à *suppléer*, qu'elle péche plutôt par excès; et c'est pour noter cet excès, que je me suis jeté dans cette courte digression, vu les inconvéniens et les dangers qui en résultent, tant pour la religion que pour la philosophie ; car c'est précisément cet excès qui a enfanté l'hérésie, ainsi que la philosophie phantastique et superstitieuse.

Il faut penser tout autrement de ce qui regarde la nature des *anges* et des *esprits*, dont la connoissance n'est ni impossible ni interdite : connoissance à laquelle l'affinité même de la nature de ces esprits avec l'ame humaine, fraie, en grande partie, le chemin. Il est sans doute un précepte de la sainte écriture, qui dit : *que personne ne vous abuse par la sublimité de ses discours, et par cette partie de la religion qui a les anges pour objet, s'ingérant dans les choses qu'il ne connoît pas.* Cependant cet avertissement, si nous l'analysons avec soin, nous n'y trouverons que deux défenses: l'une, est de leur adresser ce genre d'adoration qui n'est dû qu'à Dieu, et de concevoir d'eux des opinions fanatiques, ou qui les élèvent au-dessus du rang de la créature; ou enfin de se piquer d'avoir sur ce point des lumières qui excèdent le degré de connoissance auquel on est réellement parvenu. Mais une recherche modeste dont ils soient l'objet; une recherche qui s'élève à la connoissance de leur nature par l'échelle des choses corporelles, ou qui l'envisage dans l'ame humaine comme dans un miroir, une telle recherche n'est nullement interdite. Il en faut dire autant de ces esprits immondes qui sont déchus de leur état. Tout pacte avec eux, tout recours à leur assistance est sans doute illicite, et beaucoup plus encore toute espèce de culte et de vénération pour eux : mais la contemplation et la connoissance de leur nature, de leur puissance, de leurs illusions, tirée non-seulement des différens passages de l'écriture sainte, mais encore de la raison et de l'expérience, n'est pas la moindre partie de la sagesse spirituelle ; et c'est ainsi sans contredit que s'exprime l'apôtre sur ce sujet : *nous n'ignorons pas ses stratagêmes*. Mais il n'est pas plus défendu d'étudier la nature des *démons*, dans la *théologie*, que celle des *poisons*, dans la *physique*, et celle des *vices*, dans la *morale*. Or, cette partie de la science, qui a pour objet les *anges* et les *démons*, il n'est pas permis de la ranger parmi les *choses à suppléer*, attendu qu'un assez grand nombre d'écrivains ont essayé de la traiter. Mais la plus grande partie de ces écrivains, il conviendroit plutôt de les taxer de vanité, de superstition, ou d'une frivole subtilité.

CHAPITRE III.

Division de la philosophie naturelle en théorique et pratique. Que ces deux parties doivent être séparées, et dans l'intention de celui qui les traite, et dans le corps même du traité.

L'AISSANT donc la *théologie naturelle*, à laquelle nous avons attribué la recherche des *esprits* à titre d'*appendice*, passons à la seconde partie ; savoir : à la science de la *nature*, ou à la *philosophie naturelle*. C'est avec beaucoup de jugement que Démocrite a dit : *que la science est ensevelie dans la profondeur des mines, et cachée dans le fond des puits.* Les Chymistes également ont eu raison de dire que *Vulcain est une seconde nature,* attendu qu'il achève en très peu de temps ce que la nature n'exécute *ordinairement que par de longs détours et à force de temps.* Eh bien ! que ne divisons-nous la *philosophie* en deux parties; savoir : en *mines* et en *fourneaux*, constituant ainsi deux métiers différens pour les philosophes, et les divisant en *mineurs* et en *forgerons?* Néanmoins, quoiqu'il semble que nous ne fassions ici que plaisanter, nous ne laissons pas de regarder comme très utile une division de cette espèce, pour peu que, la proposant en termes familiers et propres à l'école, on divise la *science de la nature, en recherche des causes et production des effets*, en *théorique et pratique*. L'une fouille dans les entrailles de la nature; l'autre, la forge, pour ainsi dire, sur l'enclume. Je n'ignore pas combien sont étroitement liées ces deux choses, la *cause* et l'*effet;* je sais qu'on est quelquefois obligé de réunir l'explication de l'une et celle de l'autre. Cependant, puisque toute philosophie naturelle, solide et fructueuse, emploie une double échelle; savoir : l'*échelle ascendante* et l'*échelle descendante;* l'une, qui monte de l'*expérience* aux *axiômes;* l'autre, qui descend des *axiômes* à de *nouvelles inventions;* il nous paroît très convenable de séparer ces deux parties, la *théorique* et la *pratique*, et dans l'intention de celui qui les traite, et dans le corps même du traité.

CHAPITRE IV.

Division de la science spéculative de la nature, en physique spéciale *et* métaphysique; *la physique ayant pour objet la* cause efficiénte *et la* matière; *et la métaphysique considérant la* cause formelle *et la* cause finale. *Division de la physique en doctrine sur les principes des choses, doctrine sur la structure de l'univers, ou le système du monde, et doctrine sur la variété des choses. Division de la doctrine sur la variété des choses en science des* abstraits *et science des* concrets. *La distribution de la science des concrets est renvoyée à ces mêmes divisions que reçoit l'histoire naturelle. Division de la science des abstraits en science des* modifications *de la matière et science des* mouvemens. *Deux appendices de la physique particulière; savoir :* les *problêmes naturels et les opinions des anciens philosophes. Division de la* métaphysique *en science des* formes *et science des* causes finales.

CETTE partie de la *philosophie naturelle*, qui est toute *spéculative*, toute *théorique*, nous croyons devoir la diviser en *physique spéciale* et *métaphysique*. Or, par rapport à cette division, l'on doit faire bien attention que nous prenons ce mot de *métaphysique* dans un sens bien différent de l'acception commune. Et c'est ici le lieu de faire connoître la règle que nous suivons dans le choix des mots dont nous faisons usage; cette règle consiste en ce que, dans ce mot même de *métaphysique*, que nous venons d'employer comme dans les autres, lorsque nos conceptions et nos idées sont nouvelles et s'éloignent des idées reçues, nous conservons l'ancien langage avec une sorte de religion ; espérant que l'ordre même et la netteté avec laquelle nous nous efforçons d'expliquer toutes choses, empêcheront qu'on n'attache de fausses significations aux termes que nous employons. Dans tous les autres cas, nous avons à cœur (autant toutefois que cela se peut faire sans préjudice pour les sciences et la vérité) de nous écarter le moins qu'il est possible, soit des opinions, soit du langage des anciens. En quoi nous avons lieu d'être étonnés de l'excessive présomption d'Aristote, qui, poussé par je ne sais quel esprit impétueux de contradiction, et déclarant la guerre à toute l'antiquité, ne s'est pas seulement arrogé la licence de forger de nouveaux termes d'art, mais s'est de plus efforcé d'éteindre et d'effacer toute l'antique sagesse : et cela au point de ne nommer jamais les auteurs anciens, et de ne faire aucune mention de leurs dogmes, si ce n'est lorsqu'il trouve occasion de leur lancer quelque trait, ou de critiquer leurs opinions. Certes, s'il n'avoit d'autre but que de se faire un grand nom et un grand nombre de partisans, cette conduite étoit très bien appropriée à son dessein. Car il en est de la vérité philosophique à établir ou à recevoir, comme de la vérité divine. *Je suis venu au nom de mon père, et vous ne me recevez point ; mais si quelqu'autre vient en son propre nom, celui-là vous le recevrez.* Ainsi, de ce céleste aphorisme, si nous tournons nos regards vers celui qu'il désigne principalement, savoir vers l'*Antechrist,* le plus grand imposteur de tous les siècles, nous sommes en droit de conclure cela même, que *venir en son propre nom,* sans aucun égard pour l'antiquité, et, s'il est permis de s'exprimer ainsi, sans respect pour la *paternité,* cette marche est de mauvais augure pour la découverte de la vérité, quoiqu'elle soit le plus souvent accompagnée du succès exprimé par ces mots : *vous le recevrez.* Au reste, au sujet de cet Aristote, si grand et si admirable par la pénétration de son génie, je n'aurois pas de peine à croire que cette ambition lui fut inspirée par son disciple, avec lequel il rivalisoit peut-être (1), se pro-

---

(1) N'est-il pas plus naturel de croire que l'ambition passa de l'ame d'Aristote dans celle d'Alexandre, que de penser qu'elle remonta de l'ame du disciple dans celle du maître ; et est-il vraisemblable qu'Aristote attendit, pour être ambitieux, et pour tyranniser le monde philosophique, qu'Alexandre eût ravagé l'Asie, et couvert de sa vaste ambition tout le monde connu ? Non ; le penser, c'est vouloir que le fils ait engendré le père. Croyons donc que cet *enragé* qui s'arrogeoit la dictature dans les sciences, qui achetoit les livres de ses prédécesseurs pour les livrer aux flammes, qui s'efforçoit de couvrir de ridicule la vieillesse avancée du grand Platon son maître, souffla son esprit tyrannique et usurpateur à cet autre *enragé*, qui depuis, après avoir tourmenté un monde tout entier, levoit les yeux vers l'espace, et demandoit d'autres mondes pour les tyranniser. De plus, en lisant attentivement sa vie dans Plutarque, je vois que le maître, après avoir empoisonné l'ame du disciple, empoisonna son corps ; car ce jeune étourdi, ayant fait mourir dans les supplices Callisthène, neveu d'Aristote, avoit eu l'imprudence de menacer l'oncle ; et cet oncle le prévint. Digne maître d'un tel disciple, digne disciple d'un tel maître !

posant, tandis que celui-ci subjuguoit toutes les nations, de subjuguer lui-même toutes les opinions, et de se bâtir dans les sciences une sorte de monarchie universelle. Néanmoins il pourroit se trouver des hommes caustiques et de mauvaise humeur, qui décoreroient du même titre et le disciple et le maître, appelant le premier :

Heureux voleur de l'univers, et assez mauvais exemple donné au monde.

Et le dernier :

Heureux voleur de science.

Quant à nous, d'autre part, qui (autant que notre plume peut avoir d'influence) avons à cœur d'établir dans les lettres, entre les anciens et les modernes, une alliance et un commerce de lumières, notre ferme résolution est d'accompagner l'antiquité *jusqu'aux autels*, et de conserver les termes anciens, quoique nous en changions le plus souvent la signification et les définitions :

suivant en cela cette manière d'innover si modérée et si louable en politique, qui consiste à changer l'état des choses, en laissant subsister le langage public et reçu, et que Tacite désigne ainsi : *Les noms des magistratures étoient toujours les mêmes.*

Revenons donc à l'acception du mot de *métaphysique*, pris dans le sens que nous lui donnons. On voit, par ce que nous avons dit ci-dessus, que nous séparons la *philosophie première* d'avec la métaphysique ; deux sciences qui jusqu'ici ont été regardées comme une seule et même chose. Quant à la première, nous l'avons définie *la mère commune de toutes les sciences* ; et la dernière, une *portion de la philosophie naturelle* seulement. Or, c'est à la première que nous avons assigné les *axiômes* généraux et communs à toutes les sciences. Rappellons aussi, par rapport aux conditions *relatives et accidentelles des êtres*, conditions que nous avons qualifiées de *transcendantes*, telles que la *grande* et la *petite quantité*, l'*identité* et la *diversité*, la *possibilité* et l'*impossibilité*, que nous les avons aussi attribuées à la même science, en avertissant seulement qu'il falloit traiter ce sujet *physiquement*, et non *logiquement*. Quant à la recherche qui a pour objet un *Dieu*, *unique* et *bon*, les *anges* et les *esprits*, nous l'avons rapportée à la *théologie naturelle*. On seroit donc fondé à nous faire cette question : qu'est-ce donc enfin que vous laissez à la métaphysique ? Rien, sans doute, répondrons-nous, qui soit hors de la nature, mais bien la partie la plus importante de cette nature même. Nous pouvons encore répondre, sans blesser la vérité, et sans nous écarter jusqu'ici du sentiment des anciens, que la *physique* traite des choses entièrement plongées dans la matière et variables ; la *métaphysique* considérant les choses plus abstraites et plus constantes. Nous pouvons dire de plus que la *physique* ne suppose dans la nature que la *simple existence*, le *mouvement* et la *nécessité naturelle* ; mais que la métaphysique suppose de plus l'*intention* et l'*idée*. Car c'est à cela peut-être que revient ce que nous dirons à ce sujet. Quant à nous, abandonnant toute élévation de style, et n'employant, pour ces distributions, que le langage le plus clair et le plus familier, nous avons divisé la *philosophie naturelle* en recherche des *causes* et production des *effets*. Nous avons rejeté la recherche des *causes* dans la *théorie*; et cette théorie nous l'avons divisée en *physique* et *métaphysique*. D'où il s'ensuit nécessairement que la vraie différence de ces deux sciences doit se tirer de la nature des *causes* qui sont l'objet de leurs recherches. Ainsi, toute obscurité et toute circonlocution ôtée, la *physique* est cette science qui a pour objet la recherche de l'*efficient* et de la *matière*; et la métaphysique, celle de la *forme* et de la *fin*.

La *physique* embrasse donc ce que les causes ont de vague, d'incertain et de variable selon la nature du sujet, et non ce que ces causes ont de constant. Elle ne dit pas pourquoi, *d'un côté, le limon durcit; et de l'autre, la cire s'amollit par l'action d'un seul et même feu.* Car le feu est bien la cause de la dureté, mais dans le limon ; et le feu est encore la cause de la liquéfaction, mais dans la cire. Nous divisons la *physique en trois sciences* différentes. Car la nature est ou *réunie en un seul corps*, ou *éparse* et *morcelée.* Or, si la nature se réunit en un seul corps, c'est ou parce que *les diverses choses ont des principes communs* (1), ou parce que *la totalité de l'univers ne forme qu'un seul système parfaitement un.*

Ainsi cette *unité* de la *nature* a enfanté *les deux parties de la physique* : l'une, qui a pour objet les *principes des choses* ; et l'autre, *l'ensemble de l'univers,*

---

(1) Ce mot de *principe,* signifie ici *élément;* car où nous employons celui de *principe,* pour désigner des propositions générales ou incontestables, ou bien prouvées, il emploie celui *d'axiôme.*

ou *le système du monde*; deux parties que nous appelons assez ordinairement *sciences des grandes masses.*

La troisième *doctrine*, qui traite de la *nature éparse* ou *répandue*, présente la *variété des choses* considérées dans *toute leur diversité* et dans *les petites masses*. Par où l'on voit que les parties de la *physique* se réduisent à trois ; savoir : celle des *principes des choses ; celle de l'ensemble des choses, ou du système de l'univers*; enfin celle de la *nature multiple* et *diversifiée*; laquelle, comme nous l'avons dit, embrasse toute *la variété des espèces*. Et c'est comme une première *glose* ou *paraphrase* sur l'interprétation de la nature.

Quant à la *physique éparse*, ou à celle qui traite de la *variété des choses*, nous la subdivisons en deux parties ; savoir : la physique des *concrets* et la *physique des natures* ou des *abstraits* (1). Nous

---

(1) Par ce mot de *nature* dans ce passage, et dans beaucoup d'autres semblables, il entend une *qua-*

dirons de l'une, en employant le langage de la *logique*, qu'elle considère les substances dans toute la variété de leurs accidens; et de l'autre, qu'elle considère les accidens dans toute la variété des substances. Par exemple, soit l'objet de la recherche, le lion ou le chêne; l'un et l'autre peuvent supporter, pour ainsi dire, une infinité d'accidens. Au contraire, si l'objet de la recherche est la *chaleur* ou la *gravité*, ces deux natures peuvent se trouver dans une infinité de substances. Or, toute physique occupe le milieu entre l'*histoire naturelle* et la *métaphysique*. La première de ces deux parties, si l'on y fait bien attention, est plus près de l'*histoire naturelle*; et la dernière, de la *métaphysique*. La *physique concrète* reçoit les mêmes divisions que l'*histoire naturelle*. Elle peut avoir pour objet, ou les *corps célestes*, ou les *météores*, ou le

---

lité, une *manière d'être*, un *mode*, ou plus généralement tout ce qu'on peut affirmer d'un être, réel ou possible.

globe de la terre et *de la mer*, ou les *grandes masses* (qui prennent le nom d'*élémens*); ou les *petites masses* (qui prennent celui d'*espèces*); ou encore les *praeter-générations*; ou enfin les arts méchaniques. En effet, dans toutes ces choses, l'*histoire naturelle* se contente de bien observer le *fait* et de le rapporter; mais la *physique* cherche de plus les *causes*; ce qui ne doit s'entendre que des *causes variables*, c'est-à-dire, de la *matière* et de l'*efficient*. Parmi ces différentes parties de la physique, il en est une qui est tout-à-fait imparfaite et inutile; c'est celle qui a pour objet les *corps célestes*. C'est cependant celle qui, par la grandeur et la beauté de son sujet, mérite le plus l'attention des hommes. En effet, l'*astronomie* est assez bien fondée sur les phénomènes; mais elle s'élève peu et manque tout-à-fait de solidité. Quant à l'*astrologie*, en bien des choses, elle manque même de fondement. Certes, on peut dire que l'*astronomie* offre à l'entendement humain une victime qui ressemble fort à celle que *Prométhée* offrit à *Jupiter* pour le tromper. Il lui présenta, au lieu d'un bœuf véritable, une simple peau de bœuf, rembourrée de paille, de feuilles et d'osier. C'est ainsi que l'*astronomie* présente l'extérieur des phénomènes célestes ; je veux dire le nombre, la situation, le mouvement et les périodes des astres, ce qui est comme la *peau du ciel ;* peau fort belle sans doute et très artistement figurée en système, mais à laquelle manquent des entrailles, c'est-à-dire *les raisons physiques* (1), dont on puisse, en y joignant des hypothèses astronomiques, tirer une théorie, non pas une théorie qui se contente de satisfaire aux phénomènes (car on peut imaginer une infinité de spéculations ingénieuses de cette espèce) ; mais une théorie qui fasse connoître la subs-

---

(1) C'est ce qu'on ne peut dire du système de Newton : grace au génie de ce grand homme, le bœuf est devenu gras, il ne lui manque plus que deux jambes et la moitié de la tête.

tance, le mouvement et l'influence des corps célestes, en un mot, les choses telles qu'elles sont; car dès long-temps on a rejeté cette hypothèse d'un premier mobile, entraînant tous les astres, et de la solidité du ciel, en supposant les étoiles fixées dans leurs orbites comme des clous dans un lambris; et ce n'est pas avec beaucoup plus de fondement qu'on assure que les *pôles du zodiaque* sont *différens* de *ceux* du *monde*; qu'il existe un *second mobile* qui résiste au premier, et qui entraîne tous les astres en sens contraire; que tout dans les cieux fait sa révolution dans des *cercles parfaits*; qu'il y a des *excentriques* et des *épicycles*; supposition imaginée pour sauver l'hypothèse des mouvemens constans dans des cercles parfaits; que la lune ne produit aucun *changement*, aucune *perturbation* dans les corps situés au-dessus d'elle. Or, c'est l'absurdité de ces suppositions qui a fait tomber les astronomes dans celle du mouvement diurne de la terre (hypothèse que nous croyons absolument fausse); mais il est en astronomie une infinité d'objets par rapport auxquels il n'est presque personne qui ait cherché les causes physiques. Telle est la *substance des corps célestes*, tant celle des étoiles mêmes, que celle qui remplit leurs intervalles; telles encore la *vitesse* et la *lenteur respective* de ces corps. Tels les *différens degrés de vitesse* considérés dans une même planète. Telle aussi la *détermination du mouvement d'Orient en Occident* (1), ou en sens contraire. Même négligence par rapport à ces mouvemens en vertu desquels les astres sont *directs*, *stationnaires* ou *rétrogrades*; à ceux par lesquels ils s'élèvent à leur *apogée*, ou descendent à leur *périgée*; relativement aussi à cette *liaison de mouvemens combinés*, par lesquels ils vont et reviennent d'un tropique à l'autre, en décrivant une sorte d'*hélice* (2), ou par des lignes tor-

---

(1) C'est d'Occident en Orient; mais comme il ne veut pas que la terre tourne sur elle-même, c'est pour lui d'Orient en Occident.

(2) Figure semblable à celle d'une vis.

tueuses, auxquelles on donne le nom de *dragons*. Même oubli par rapport à la *situation des poles*; on ne nous dit point pourquoi ils sont dans telle partie du ciel plutôt que dans telle autre. Enfin, il en faut dire autant de la cause *qui maintient les planètes à une distance déterminée du soleil :* une recherche, dis-je, de cette espèce, a été à peine tentée. On ne s'occupe que d'observations et de démonstrations mathématiques. Or, ces observations et ces démonstrations peuvent bien fournir quelque hypothèse ingénieuse pour arranger tout cela dans sa tête, et se faire une idée de cet assemblage, mais non pour savoir au juste *comment* et *pourquoi* tout cela est réellement dans la nature. Elles indiquent tout au plus les mouvemens apparens, l'assemblage artificiel, la combinaison arbitraire de tous ces phénomènes; mais non les *causes véritables* et la réalité des choses. Et quant à ce même sujet, c'est avec fort peu de jugement que *l'astronomie* est rangée parmi les *sciences mathématiques;* classification qui déroge à sa dignité. Elle devroit au contraire, pour peu qu'elle voulût soutenir son personnage, se constituer la partie la *plus noble de la physique;* car quiconque saura mépriser cette prétendue séparation des corps *superlunaires* d'avec les corps *sublunaires,* et appercevoir les appétits et les passions les plus universelles de la matière (1), qui exercent une si puissante influence dans les deux mondes, et qui pénètrent à travers l'immensité des choses; qui aura bien vu ces choses-là, tirera, des observations qu'il aura faites ici bas, de grandes lumières sur les phénomènes célestes; et de ce qu'il aura observé dans les cieux, il tirera une infinité de vues sur les *mouvemens inférieurs,* et cela non en tant que les derniers sont régis par les premiers ; mais en tant que les uns et les

---

(1) Les tendances, les forces, les efforts de la matière.

autres ont des passions communes (1). Ainsi, nous décidons que cette partie de l'astronomie qui est vraiment *physique*, est à *suppléer*. Nous la qualifions d'*astronomie vivante*, pour la distinguer de ce bœuf rembourré qu'offrit Prométhée, et qui n'avoit du bœuf que la figure.

Mais l'astrologie est tellement infectée de superstition, qu'on a peine à y trouver quelque chose de sain. Nous pensons néanmoins qu'au lieu de la rejeter entièrement, il vaut mieux la bien épurer. Que si quelqu'un prétendoit que cette science est fondée, non sur la raison ou les spéculations, mais sur l'aveugle expérience et sur les observations d'un grand nombre de siècles ; qu'en conséquence on doit rejeter l'examen des raisons physiques (et c'est ce que les Chaldéens prétendoient si hautement) : il ne lui reste plus qu'à rappeller les augures et les arus-

---

(1) C'est-à-dire non en tant que les phénomènes supérieurs sont les causes des phénomènes inférieurs ; mais en tant que les uns et les autres sont modifiés par des causes communes.

pices, l'inspection des entrailles, et à digérer, s'il le peut, toutes les fables de cette espèce; car, et ces choses-là aussi, on les donnoit pour des pratiques dictées par une longue expérience et pour des vérités transmises de main en main. Quant à nous, nous recevons l'*astrologie* comme une vraie portion de la physique; mais nous ne lui donnons pas plus que ne lui accordent la raison et l'évidence même des choses, ayant soin de la dégager de toute espèce de fables et de superstitions. Or, si nous y regardons de plus près, quoi de plus frivole que cette supposition : que *les différentes planètes règnent tour-à-tour et d'heure en heure ;* ensorte que, dans l'espace de vingt-quatre heures, chacune règne trois fois, si on en ôte les trois heures surnuméraires ? C'est pourtant à cette belle imagination que nous devons la division de la semaine (division si ancienne et reçue en tant de lieux), comme on le voit très clairement par la succession alternative des différens jours; la planète qui règne au commencement de chaque jour, étant la quatrième en rang après celle qui régnoit au commencement du jour précédent; à cause de ces trois heures que nous avons qualifiées de *surnuméraires*. En second lieu, nous ne balançons pas non plus à rejeter, comme une imagination tout aussi frivole, cette doctrine sur les *thèmes* du ciel, rapportés à des instans précis, avec la distribution des *maisons*; toutes choses qui font les délices des Astrologues qui ont fait dans les cieux une sorte de *carnaval*; et l'on ne peut trop s'étonner de voir des hommes distingués, et qui tiennent le premier rang en astrologie, appuyer de telles imaginations sur un fondement si léger. Car, s'il est vrai, disent-ils, et c'est ce qu'atteste l'expérience même, que les *solstices*, les *équinoxes*, les *nouvelles et pleines lunes*, et les *grandes révolutions de cette espèce*, ont une influence très sensible sur les corps naturels, il s'ensuit nécessairement que les *différences plus déliées dans la position des étoiles,* produisent aussi des effets plus délicats ou plus cachés. Mais ils auroient dû mettre d'abord de côté toutes ces *actions* qu'exerce le *soleil* en vertu d'une *chaleur manifeste*; ainsi que cette espèce de *force magnétique* de la *lune*, par laquelle cet astre influe sur cet accroissement des marées qui a lieu tous les quinze jours (car le flux et reflux de tous les jours est autre chose). Tout cela une fois mis de côté, ils trouveront que *ces autres actions des planètes* (du moins si l'on ne s'en rapporte sur ce point qu'à l'expérience) sont foibles, très peu sensibles, et échappent, pour ainsi dire, à l'observation, *même celles qui se rapportent aux grandes révolutions*. Ainsi, de leur principe, ils auroient dû tirer la conséquence diamétralement opposée; savoir : que, puisque ces *grandes révolutions* ont déja si peu d'influence, ces *différences si exactes et si déliées* dans la *position des astres*, sont absolument de nul effet. En troisième lieu, nous rejetons ces prétendues *fatalités* en vertu desquelles, selon eux, l'heure de la naissance ou de la conception influe sur toute la destinée du fœtus; l'heure où l'on commence une entreprise, décide du succès; l'heure où l'on agite une question, décide du résultat de la recherche; en un mot, notre sentiment est que les doctrines sur les *nativités*, les *élections*, les *questions*, et autres bagatelles de ce genre, n'ont pour la plupart rien de certain ou de solide, et qu'elles ne tiennent point contre les raisons physiques. Mais une question qu'on seroit mieux fondé à nous faire, c'est celle-ci : qu'est-ce donc enfin que vous conservez et approuvez dans l'astrologie? et parmi les choses que vous approuvez, lesquelles vous paroissent avoir besoin d'être suppléées? question d'autant plus naturelle, que c'est cela même, je veux dire, les *choses à suppléer*, qui sont le véritable objet de notre discours; car, comme nous l'avons souvent dit, nous n'avons pas le temps de nous occuper des critiques. Or, parmi les choses reçues, nous trouvons que la doctrine des *ré-*

volutions a plus de solidité que tout le reste ; mais il seroit bon de se faire d'avance certaines règles à l'aide desquelles on pût apprendre à apprécier et à peser ces opinions *astrologiques ;* et cela afin de connoître ce qui s'y trouve d'utile, en rejetant toutes les frivolités.

Posons d'abord celle dont nous avons déja parlé, et disons qu'il faut conserver *les grandes révolutions*, en abandonnant les plus petites qui se rapportent aux *horoscopes* et aux *maisons.* Car les premières sont comme autant de grandes piéces d'artillerie qui frappent de fort loin ; et les dernières, comme autant de petits arcs de très courte portée. La seconde règle est que *l'action des corps célestes* n'a point lieu sur toute espèce de *corps terrestres, mais seulement sur les plus mous* et les *plus susceptibles,* tels que les *humeurs,* l'air et les *esprits*(1).

_____

(1) Mais si les corps célestes agissent sur les humeurs, l'air et les esprits, comme ces humeurs, cet air et ces esprits agissent sur les solides, par

2.   4

Cependant nous en exceptons les effets de la chaleur du soleil et des autres corps célestes, chaleur qui pénètre sans contredit jusqu'aux métaux et jusqu'à d'autres corps cachés dans l'intérieur de la terre (1). La troisième règle est que *toute action des corps célestes s'exerce plutôt* sur les *grandes masses*, que sur les *individus*. Il faut convenir pourtant qu'elle parvient indirectement jusqu'à certains individus, c'est-à-dire, jusqu'à ceux d'une même espèce, qui sont les plus susceptibles, et semblables à une cire molle. Et c'est ce qui arrive lorsqu'une constitution pestilentielle de l'air

exemple, sur ceux du corps humain ; donc les corps célestes agissent sur les corps solides.

(1) Cette conjecture est manifestement contraire à l'expérience, comme nous le voyons par la température des caves un peu profondes, qui est toujours à peu près la même; et mieux encore par l'exemple du thermomètre de *Lahire,* lequel, placé à 84 pieds au-dessous du rez-de-chaussée de l'observatoire, est resté à 10 dégrés pendant plus de 50 ans : j'ai appris qu'il étoit brisé.

attaque les corps qui opposent moins de résistance, et épargne ceux qui résistent davantage. La quatrième règle, qui diffère peu de la précédente, est que *toute action des corps célestes découle et domine, non dans les parties extrêmement petites du temps et du lieu, mais seulement dans de grands espaces.* Ainsi les prédictions relatives à la température d'une année, peuvent être justes. Quant à celles qui regardent chaque jour, on peut les regarder comme nulles. La dernière règle, que les judicieux Astrologues ont aussi toujours adoptée, c'est qu'il n'y a dans les astres *aucune espèce de nécessité fatale;* mais qu'ils produisent tout au plus certaines inclinations, et non des effets nécessaires. Nous ajouterons encore (et c'est par là sur-tout qu'on verra clairement que nous défendons la cause de *l'astrologie*, pourvu toutefois qu'elle soit épurée); nous ajouterons, dis-je, que nous ne doutons nullement que les corps célestes n'aient en eux-mêmes quelqu'autre influence que celle de leur *chaleur* et de leur *lumière*; influence qui pourtant doit être également astreinte aux règles que nous avons déja posées ; sans quoi elle ne mérite aucune considération. Mais celle-ci est, pour ainsi dire, cachée dans les profondeurs de la physique, et exige une plus longue discussion. Ainsi, tout ce que nous avons dit plus haut, bien considéré, nous avons cru devoir ranger parmi les *choses à suppléer*, l'*astrologie* conforme aux principes que nous venons de poser. Et de même que cette *astronomie* qui s'appuie sur les raisons physiques, nous la qualifions d'astronomie *vivante*; de même aussi cette autre *astrologie*, qui est dirigée par ces mêmes raisons, nous la qualifierons d'*astrologie saine*. Mais s'il s'agit de savoir de quelle manière on doit la traiter, quoique ce que nous avons dit jusqu'ici ne soit pas inutile à ce dessein, nous ne laisserons pas d'y joindre, suivant notre coutume, d'autres observations, pour montrer clairement *de quoi elle doit être composée*, et *à quoi on doit l'employer.* 1°. Il faut, dans l'*astrologie saine,* donner une place à la doctrine sur le *mélange des rayons,* qui est l'effet des *conjonctions* et des *oppositions,* et autres *sizygies* ou *aspects réciproques* des planètes. Nous assignons aussi à cette partie la position des *planètes* dans *les signes du zodiaque,* et leur *situation* sous ces *mêmes signes.* Car la *situation d'une planète* sous un *signe* n'est autre chose que sa *conjonction avec les étoiles de ce même signe.* Il y a plus : les *oppositions* et les autres *sizygies* des planètes, ainsi que leurs conjonctions par rapport aux *étoiles des signes,* doivent être observées avec soin ; mais c'est ce qu'on n'a pas encore fait assez complettement. Quant à la considération du *mélange réciproque des rayons des étoiles fixes,* elle est utile à la recherche qui a pour objet le système du monde et la nature des régions subjacentes ; mais elle ne sert de rien pour les *prédictions,* parce que les situations de ces étoiles sont toujours les mêmes. En second lieu, il faut aussi, par rapport à chaque planète, faire entrer dans l'*astrologie* saine la considération de son *éloignement* et de son *rapprochement* de la perpendiculaire, eu égard aux différens climats. Car chaque planète, ainsi que le soleil, a ses étés et ses hivers, où elle lance ses rayons avec plus ou moins de force, selon que leur direction est plus perpendiculaire ou plus oblique. En effet, nous ne doutons nullement que la lune, placée sous *le lion*, n'agisse plus fortement sur les corps naturels d'ici-bas, que lorsqu'elle est dans les *poissons*; non que la lune placée sous le lion se rapporte au cœur, et aux pieds lorsqu'elle est dans les poissons, comme on l'a imaginé; mais parce que, dans le premier cas, elle approche davantage de la perpendiculaire et des plus grandes étoiles: effet tout-à-fait semblable à ce qu'on observe par rapport au soleil. En troisième lieu, il faut y faire entrer les *apogées* et les *périgées* des planètes, en cherchant, comme il convient, d'où dépend la *force* de la *planète* en elle-même, et sa proximité de notre globe : car une planète, dans son apogée et son élévation, est plus active; et dans son périgée, plus communicative. En quatrième lieu, et pour tout résumer en peu de mots, il faut avoir égard à tous les *accidens du mouvement* des *planètes;* tels que sont les circonstances en vertu desquelles chaque planète *marche plus vîte* ou plus *lentement*, est *directe*, *stationnaire*, *rétrograde;* leurs *distances du soleil*, les *inflammations* qu'elles éprouvent, l'*accroissement ou le décroissement de leur lumière*, leurs *éclipses*, et autres observations semblables; toutes choses qui contribuent à augmenter ou diminuer la force des rayons des planètes, à varier leurs actions et leurs vertus. Or, ces quatre points regardent les *radiations des étoiles*. En cinquième lieu, il faut donner place dans cette science à tout ce qui peut aider à découvrir et à dévoiler la nature des étoiles tant errantes que fixes, et considérées dans leur essence et leur activité propre; c'est-à-dire, afin de savoir quelle est leur *couleur* et leur *aspect;* de quelle manière elles *scintillent* et lancent leurs rayons ; quelle est leur *situation* à l'égard des *pôles et de l'équinoxe;* quels sont leurs *astérismes;* quelles sont les *étoiles* qui se trouvent *plus mêlées avec d'autres* ou plus *solitaires;* lesquelles sont plus *élevées* ou plus *basses;* lesquelles encore sont *situées dans le voisinage du soleil et des planètes*, c'est-à-dire, *du zodiaque,* ou sont *hors de ce cercle;* lesquelles des planètes ont un *mouvement* plus ou moins *rapide;* lesquelles se *meuvent dans l'écliptique*, ou s'en *écartent en latitude;* lesquelles peuvent être *rétrogrades* ou ne peuvent *le devenir;* lesquelles sont susceptibles de se trouver à *toutes sortes de distances du soleil,* ou sont *maintenues à une distance déterminée* de cet astre; lesquelles se meuvent *plus rapidement dans leur apogée* ou dans leur *périgée.* Enfin, il faut y faire entrer les *anomalies de Mars,* les *écarts* de *Vénus,* et les *variations*, cette espèce *de travail* qu'on a souvent observé dans cette dernière planète; et autres phénomènes de cette espèce, s'il s'en présente: il faut adopter aussi, d'après la tradition, ce qu'on rapporte sur la *nature* et les *inclinations particulières* des *planètes*, et même sur celles *des étoiles fixes;* toutes choses qui, nous ayant été transmises par un grand nombre d'écrivains, qui sur ce point se trouvent parfaitement d'accord, ne doivent pas être rejetées sans examen, à moins qu'elles ne soient manifestement incompatibles avec les *raisons physiques*.

C'est donc d'observations de cette espèce qu'il faut composer l'*astrologie saine*; et c'est d'après de telles observations seulement, qu'il faut interpréter et composer les différentes *figures du ciel*.

Or, quant à l'emploi de l'*astrologie saine*, on s'en sert avec plus de confiance pour les *prédictions*, et avec plus de réserve pour les *élections*. Mais quant à l'un et l'autre emploi, il faut le renfermer dans les limites prescrites. On pourroit hazarder des *prédictions* sur les *co-*

mètes futures (qui, autant que nous le pouvons conjecturer, peuvent être prédites), sur tous les genres de *météores*, sur les *déluges*, les *sécheresses*, les *grandes chaleurs*, les *gelées*, les *tremblemens de terre*, les *éruptions de feux*, les *inondations*, les *vents* et les *grandes pluies*, les *différentes températures de l'année*, les *contagions*, les *épidémies*, l'*abondance* et la *cherté* des *denrées*, les *guerres*, les *séditions*, les *sectes*, les *transmigrations de peuples*; enfin, sur tous les mouvemens et les grandes innovations qui peuvent avoir lieu dans la *nature*, ou dans les *états* (1).

---

(1) On sera étonné de voir ici Bacon attribuer à l'influence des astres des révolutions politiques; mais cette opinion, quelque étrange qu'elle puisse paroître au premier coup d'œil, n'est rien moins qu'une absurdité : elle est même donnée comme conséquence évidente d'un raisonnement fort simple; et en dépit de la mode qui la proscrit, il faut bien l'admettre avec la réserve nécessaire. Toaldo, météorologiste de Padoue, a fait voir qu'au concours de deux ou trois *points lunaires* (nom qu'il

Ces *prédictions* pourroient, quoiqu'avec moins de certitude, être poussées jus-

---

donne aux différentes *phases* ou *situations* de la lune) répondent toujours de grands changemens, de grandes *perturbations* dans l'atmosphère ou à la surface du globe ; telles que de *grands orages*, de *grandes chaleurs*, de *grandes gelées*, des *inondations*, des *éruptions* de *volcans*, etc. Or, personne ne doute qu'un grand changement dans la constitution de l'atmosphère n'en produise un autre dans la constitution physique des animaux, et principalement dans celle des hommes; on doute encore moins qu'un grand changement dans cette constitution physique n'en puisse produire un proportionnel dans la disposition morale ; et si ce dernier changement se combine avec les circonstances favorables à une révolution politique, cette révolution aura lieu ; non que la *cause physique* en soit la cause *unique* et *immédiate*; mais en tant qu'elle en est une cause *simplement concourante* et *éloignée*. Par exemple, une grande sécheresse qui amène une famine, pourra donner à un peuple, pour secouer le joug, un *courage de mauvaise humeur*, qu'il n'eût pas eu sans la disette, et amener ainsi une révolution préparée d'ailleurs par un mécontentement universel : on en peut dire autant d'un hiver très rude, et tel que celui qui précéda la nôtre.

qu'aux événemens *les plus particuliers* et les *plus individuels*, si, après qu'on auroit bien reconnu les inclinations générales des temps de cette espèce, elles étoient, à l'aide d'une grande pénétration de jugement, soit en physique, soit en politique, appliquées à ces *espèces* et à ces *individus* qui sont *les plus sujets* à ces sortes *d'accidens*. Ce seroit ainsi que, prévoyant la température d'une année, on trouveroit, par exemple, qu'elle seroit plus favorable ou plus contraire aux oliviers qu'aux vignes; aux phthisiques, qu'à ceux qui ont le foie attaqué; aux habitans des montagnes, qu'à ceux des vallées; aux religieux, qu'aux gens de cour, à cause de la différence de leur manière de vivre : ou que, partant de la connoissance qu'on auroit de l'influence des corps célestes sur les esprits humains, on trouveroit que cette année-là est plus avantageuse ou plus préjudiciable aux peuples, qu'aux rois; aux savans et autres hommes curieux, qu'aux hommes courageux et guerriers; aux voluptueux, qu'aux gens d'affaires et aux politiques. Il est une infinité de *prédictions* de cette espèce ; mais, comme nous l'avons dit, ce n'est pas assez, pour être en état de les faire, de cette connoissance générale qui se tire des astres, qui sont les *agens;* il faut y joindre la connoissance particulière des sujets, qui sont les *patiens.* Il ne faut pas non plus rejeter tout-à-fait les *élections;* mais il faut s'y fier moins qu'aux *prédictions.* Car nous voyons que, lorsqu'il s'agit de planter, de semer, ou de greffer, la précaution d'observer l'âge de la lune, n'est pas tout-à-fait inutile (1).

---

(1) Nos physiciens, qui ne plantent, ni ne sèment, ni ne greffent, ne sont pas de cet avis. Cependant s'il se trouvoit, toute expérience faite, que ces observations fussent nécessaires, quand même nous ne pourrions les expliquer, il faudroit pourtant bien les admettre. Mais d'ailleurs elles n'ont rien d'absurde. Car, de l'aveu des physiciens, les diverses situations de la lune influent beaucoup sur la constitution de l'athmosphère; et cette constitution, sans leur aveu, influe sur celle des plantes. Il ne seroit donc pas très étonnant

Il est une infinité d'autres petites attentions de cette espèce. Or, ces *élections*, beaucoup plus encore que les *prédictions*, doivent être astreintes à nos règles. Mais ce qu'il ne faut pas perdre de vue, c'est que les *élections* ne doivent avoir lieu que dans ces cas où la vertu des corps célestes n'est pas de nature à passer dans un instant, et où l'effet produit sur les corps inférieurs n'est pas non plus tout-à-fait subit : et c'est ce qui a lieu dans ces exemples que nous avons allégués. Car ni les accroissemens de la lune, ni ceux des plantes, ne sont l'affaire d'un instant. Quant à toute détermination d'instans précis, il ne faut pas y songer. Or, on trouve à faire une infinité d'observations de cette espèce, et même ce qu'on n'imagineroit pas, dans les *élections qui se rapportent aux choses civiles*. Que si quelqu'un nous interpelloit

---

que l'observation de l'âge de la lune, par rapport aux graines à semer, aux plantes à mettre en terre, ou à greffer, fût de quelque utilité.

en disant : vous nous montrez fort bien d'*où* l'on doit tirer cette *astrologie corrigée*, et à quoi l'on peut l'*employer* utilement; mais vous ne nous dites point du tout *comment* il faut la tirer de ces sources; rien ne seroit plus injuste que de nous faire une telle question, en exigeant de nous des préceptes sur un art que nous ne sommes nullement obligés d'enseigner. Cependant sur cela même qu'on nous demande, nous ne laisserons pas d'avertir qu'il est quatre manières de se frayer le chemin dans cette science; d'abord, par les *expériences futures*, puis par les *expériences passées*, ensuite par les *traditions*; enfin, par les *raisons physiques*.

Quant aux *expériences futures*, que puis-je dire? Il ne faut pas moins qu'un grand nombre de siècles pour en rassembler en suffisante quantité ; ce seroit folie à un seul homme que de l'entreprendre; et quant aux *expériences passées*, elles sont sous notre main, quoiqu'une telle entreprise exige bien du loisir et de l'activité; car les *astrologues*, s'ils ne s'abandonnoient pas eux-mêmes, pourroient tirer du dépôt de l'histoire tous *ces grands événemens*, comme inondations, pestes, combats, séditions, morts de rois (s'il leur plaisoit), et autres semblables, et considérer quel étoit dans le même temps la situation du ciel, non suivant la méthode subtile des *thêmes*, mais d'après ces règles que nous avons tracées relativement aux *révolutions*; et lorsqu'ils trouveroient que les événemens des deux espèces s'accordent et conspirent manifestement, ils auroient en cela un modèle raisonnable de *prédictions*. Quant aux *traditions*, il faudroit les analyser de manière, que celles qui se trouveroient en contradiction avec les *raisons physiques*, fussent mises à l'écart, et que celles qui seroient parfaitement d'accord avec *ces raisons*, jouissent de toute l'autorité qu'elles méritent. Enfin, quant aux *raisons physiques*, les mieux appropriées à cette recherche, sont celles qui ont pour objet les *appé-*

tits et les *passions universelles* de la *matière*, les *mouvemens simples* et *naturels des corps;* car c'est sur ces ailes-là qu'on peut, sans danger, s'élever à cette partie matérielle des choses célestes.

Quant aux *extravagances astrologiques*, outre ces rêves et ces imaginations que nous avons notées dès le commencement, reste une autre division que nous ne devons point du tout négliger; division qui pourtant doit être séparée de l'*astrologie saine*, et transportée dans ce qu'on appelle la *magie céleste*. Elle a rencontré une invention qui fait grand honneur à l'esprit humain. Si nous l'en croyons, il est tel *aspect favorable* des astres, qui peut être reçu dans *un cachet* ou *un sceau* (par exemple, de métal, si vous voulez, ou de quelque pierre précieuse appropriée à ce dessein); et ce cachet retenant le bonheur attaché à cette heure-là, bonheur qui, sans cette précaution, s'envoleroit aussi-tôt, fixe, pour ainsi dire, sa volatilité. Aussi je ne sais quel poëte se plaint-il hautement que ce bel art, dont les anciens étoient en possession, soit perdu désormais.

On ne voit plus, dit-il, *un anneau tout pénétré de la vertu céleste, avoir une sorte de vie ; on ne voit plus un diamant retenir sous son humble lumière la force du soleil et de la lune, qui roule dans une région élevée et supérieure à la nôtre.*

Nul doute que l'église romaine n'ait adopté les reliques des saints et leurs vertus ; car le laps de temps ne fait point obstacle dans les choses divines et immatérielles ; mais de croire qu'on puisse renfermer dans une petite boîte les reliques du ciel, afin de continuer et de ressusciter, pour ainsi dire, l'heure qui s'est enfuie, et qui est comme morte, c'est une pure superstition. Laissons donc ces bagatelles, à moins que les muses ne soient déjà devenues de vieilles radoteuses.

Nous décidons que la *physique abstraite* peut, avec très juste raison, être divisée en deux parties ; savoir : en *doc-*

trine, sur *les modifications de la matière*, et doctrine *sur ses appétits* (1) *et ses mouvemens*. Nous ferons en passant le dénombrement de leurs parties, afin de donner une sorte d'*esquisse* de la vraie *physique des abstraits*. Voici quelles sont les *modifications de la matière :* elle peut être *dense* ou *rare, pesante* ou *légère, chaude* ou *froide, tangible* ou *aériforme, volatile* ou *fixe, solide* ou *fluide, humide* ou *sèche, grasse* ou *crue, dure* ou *molle, fragile* ou *malléable, poreuse* ou *compacte, spiritueuse* ou *privée d'esprit, simple* ou *composée, exactement* ou *imparfaitement mêlée, tissue de fibres et de veines*, ou *d'une texture simple et uniforme, similaire* ou *l'issimilaire, figurée* ou *non en espèces distinctes, organisée* ou *non organisée, animée* ou *inanimée*, nous n'irons pas plus loin. Quant à la distinction d'*être sensible* ou *insensible, raisonnable* ou *privé de raison*, nous la renvoyons à la

――――――――――――

(1) Tendances.

science de l'homme. Or, il est deux genres d'*appétits* et de *mouvemens;* car il est des *mouvemens simples*, dans lesquels est contenue la *racine* de tous les autres mouvemens, en raison pourtant des *modifications de la matière;* puis les mouvemens *composés et produits.* C'est de ces derniers que part la philosophie reçue, qui saisit bien peu du corps de la nature. Les *mouvemens composés* de cette espèce, comme la *génération*, la *corruption* et autres semblables, doivent plutôt être regardés comme des *combinaisons de mouvemens simples*, que comme des *mouvemens primitifs.* Les *mouvemens simples* sont le mouvement d'*antitypie*, auquel on donne ordinairement le nom d'*impénétrabilité de la matière* (1); le mouvement de

---

(1) Il y a ici un vice de *nomenclature.* Il qualifie de *mouvemens,* non-seulement les *mouvemens proprement dits,* les *simples tendances* et les *simples efforts;* mais même la *force d'inertie,* qui est ce qu'il y a de plus *opposé au mouvement.*

cohésion, connu sous le nom d'*horreur du vuide*; le mouvement de *liberté*, qui empêche qu'un corps ne soit comprimé ou étendu au-delà de ses limites naturelles ; le *mouvement* tendant au *changement de volume*, soit à la *raréfaction* ou à la *condensation* ; le mouvement de *seconde cohésion*, qui s'oppose à la solution de continuité ; le mouvement d'*aggrégation majeure*, par lequel les corps tendent vers la masse de leurs *congénères*, et qui prend ordinairement le nom de *mouvement naturel*; le mouvement d'*aggrégation mineure*, vulgairement appellé *sympathie* et *antipathie*; le mouvement *dispositif*, ou qui tend à donner aux parties le meilleur arrangement possible dans le tout ; le mouvement d'*assimilation*, par lequel un corps tend à s'assimiler les autres corps, et à multiplier sa propre nature ; le mouvement d'*excitation*, par lequel l'agent le plus puissant excite le mouvement caché et assoupi dans un autre ; le mouvement de *cachet* ou d'*impression*, c'est-à-dire, toute opération qui a lieu sans communication de substance ; le mouvement *royal*, par lequel le mouvement prédominant réprime tous les autres mouvemens ; le mouvement *sans terme* ou de *rotation spontanée;* le mouvement de *trépidation* ou de *systole* et de *diastole*, d'un corps qui se trouve placé entre les avantages et les inconvéniens. Enfin, l'*inertie* ou l'horreur du *mouvement*, qui sert aussi à expliquer une infinité de choses. Ce sont-là les *mouvemens simples* qui sortent du sanctuaire même de la nature ; mouvemens qui, combinés ensemble, continués, alternés, réprimés, réitérés, constituent ces *mouvemens composés*, ces *sommes de mouvemens* dont on parle tant, comme *génération, corruption, augmentation, diminution, altération et mouvement de transport*, à quoi il faut ajouter la *mixtion*, la *séparation* et la *transmutation*. Reste donc ce qu'on peut regarder comme des espèces d'*appendices* de la *physique*, les *mesures des mouvemens*, ou la science qui considère ce que peut la *quantité* ou la *dose de la nature* (1); ce que peut la *distance*, et ce qu'on appelle avec assez de raison, la *sphère d'activité*; ce que peuvent encore la *lenteur* et la *vitesse*, la *longue* ou la *courte durée*, la *force* ou la *foiblesse* de la *matière*, l'*aiguillon* de la *péristase* (2). Telles sont donc les parties dont se compose naturellement la *physique des abstraits*. En effet, si vous réunissez les *modifications* de la *matière*, les *mouvemens simples*, les *sommes* ou *aggrégations de mouvemens*, vous avez une *physique complette des abstraits*; car pour ce qui est du *mouvement volontaire* dans les *animaux*; du mouvement qui a lieu dans les sensations; du mouvement de l'*imagination*, de l'*appétit* et de la *vo-*

---

(1) Nature signifie ici qualité, manière d'être, mode.

(2) La *péristase* est l'action des corps environnans; et l'*antipéristase*, comme nous l'avons dit, est la réaction d'un agent contraire.

lonté; du mouvement de l'*esprit*, du *décret*, et de tout ce qui regarde les choses *intellectuelles*, nous les renvoyons aux doctrines qui leur sont propres : mais un avertissement que nous devons réitérer, c'est qu'en traitant dans la *physique* toutes ces choses dont nous avons parlé, il faut s'en tenir à la *matière* et à l'*efficient;* car on les remanie dans la *métaphysique*, quant aux *formes* et aux *fins*.

Nous joindrons à la physique deux *appendices* remarquables, qui se rapportent moins au *sujet* même de la recherche, qu'à la *manière* de la faire; je veux dire, les *problêmes naturels* et *les opinions* des *anciens philosophes*. La première est un appendice de la nature *éparse* et *variée;* la dernière, de la *nature considérée dans son unité*, ou des *sommes*. La destination de l'une et de l'autre est de conduire à un doute judicieux, partie de la science, qui n'est nullement à mépriser. Car les *problêmes* embrassent les *doutes particuliers*, et les *opinions* embrassent les *doutes généraux* sur les *principes* et le *système* du monde. Or, quant à ces *problêmes*, nous en trouvons un exemple distingué dans les livres d'*Aristote*; genre d'ouvrage qui ne méritoit pas seulement d'être célébré par les éloges de la postérité, mais aussi d'être continué par les travaux des modernes; attendu que de *nouveaux doutes* s'élèvent de jour en jour. Cependant il est à ce sujet une précaution de la plus grande importance qu'il ne faut pas négliger. Ce soin de rappeller et de proposer les *doutes*, a deux avantages: l'un, de fortifier la *philosophie* contre les erreurs; et c'est un avantage qu'on obtient lorsqu'on a la sagesse de ne point hazarder de jugement ni d'assertion sur ce qui n'est pas encore parfaitement éclairci, de peur qu'une première erreur n'enfante d'autres erreurs; et qu'avant d'être suffisamment informé, on ne rend aucun jugement positif. L'autre, est que ces *doutes* ainsi rapportés dans des codicilles, sont comme autant d'éponges qui pompent et attirent, en quelque manière, pour les sciences, de nouveaux accroissemens. D'où il arrive que, ces mêmes choses sur lesquelles, si ces *doutes* n'eussent précédé, on n'eût fait que passer légèrement, une fois averti par ces doutes, on les observe avec attention, et l'on s'en fait une *étude*. Mais il est un inconvénient à peine compensé par ces deux avantages, qui est tout prêt à se glisser ici, si l'on n'a grand soin de l'en écarter. Cet inconvénient est que ce *doute*, une fois qu'on l'a admis comme fondé, et qu'il est devenu comme *authentique*, suscite aussi-tôt une infinité de gens prêts à défendre le pour et le contre, et qui transmettent à la postérité ce *doute licencieux* : ensorte que les hommes ne s'appliquent plus désormais, ne tendent plus les ressorts de leur esprit que pour *nourrir* ce *doute*, et non pour le terminer ou le dissiper. C'est ce dont on voit à chaque instant des exemples parmi les *Jurisconsultes* et les *Académiciens*; lesquels, le *doute* une fois admis, veulent qu'il soit perpétuel, et ne se font pas moins une *loi* de *douter*, que d'*affirmer*; quoique le seul usage légitime qu'on puisse faire de son esprit, soit de travailler à convertir le *doute* en *certitude*, et non à révoquer en *doute* les choses les plus *certaines*. Ainsi je décide qu'un *journal* des *doutes* et des *problèmes* à résoudre dans la nature, est un ouvrage qui *nous manque*, et j'approuve fort quiconque l'entreprendra ; pourvu qu'on n'oublie pas, lorsque la science augmentera de jour en jour, (ce qui ne manquera pas d'arriver, pour peu que les hommes daignent nous prêter l'oreille) et au moment que ces *doutes* seront parfaitement éclaircis, de les rayer de l'*album*. A ce *journal*, je souhaiterois qu'on en ajoutât un autre non moins utile. Car, comme, en toute recherche, on trouve ces trois espèces de choses, des *opinions manifestement vraies*, des *opinions douteuses*, et des *opinions manifestement fausses*, il seroit très utile de joindre au *journal* des *doutes* un *journal* des *faussetés* et des *erreurs populaires* qui s'introduisent, soit dans l'*histoire naturelle*, soit dans la *partie dogmatique;* afin qu'ils ne fussent plus incommodes aux sciences.

Quant aux *opinions* des *anciens philosophes*, tels que *Pythagore, Philolaüs, Xénophane, Anaxagore, Parménide, Leucippe, Démocrite* et autres semblables ; genre d'écrits que les hommes parcourent ordinairement avec une sorte d'indifférence dédaigneuse, il seroit mieux d'y jeter les yeux avec un peu plus de modestie ; et quoiqu'*Aristote*, à l'exemple des Ottomans, ait cru qu'il ne pourroit jamais régner en sûreté, s'il ne commençoit par massacrer tous ses frères : néanmoins, quiconque ne prétend point au personnage de roi ou de maître, et n'a d'autre but que la découverte ou l'éclaircissement de la vérité, ne peut que regarder comme très utile un ouvrage qui le mettroit en état d'envisager, comme d'une seule vue, les diverses *opinions* des *philosophes* sur la nature des choses. Ce n'est pas que nous espérions que de ces théories ou d'autres spéculations de cette espèce, puisse sortir quelque vérité bien pure. Car, comme les mêmes phénomènes et les mêmes calculs s'ajustent et aux principes astronomiques de *Ptolomée* et à ceux de *Copernic*; de même cette expérience vulgaire, dont nous faisons usage, et cette première face que présentent les choses, peut s'appliquer à une infinité de théories différentes. Mais lorsqu'il s'agit d'une sérieuse recherche de la vérité, il est alors besoin d'une toute autre sévérité. En effet, comme le dit élégamment *Aristote* : *Les enfans qui commencent à balbutier, donnent le nom de mère à la première venue; puis ils apprennent à mieux distinguer leur véritable mère.* C'est ainsi que l'*expérience* encore dans l'enfance traite de *mère*, toute *espèce de philosophie*; mais qu'une *expérience* vraiment *adulte* reconnoît sa véritable mère. Il ne laisse pas d'être agréable en attendant de pouvoir examiner les *diverses philosophies* comme autant de *gloses différentes sur la nature*, dont les unes sont plus ou moins correctes, en certains points; et d'autres, en d'autres. Je souhaiterois donc que des vies des anciens philosophes, du petit traité sommaire de *Plutarque* sur leurs opinions, des citations d'*Aristote*, des différens morceaux sur ce sujet, qui se trouvent dans les autres livres, tant *ecclésiastiques* que *païens*, tels que *Lactance*, *Philon*, *Philostrate* et les autres, on composât, avec toute la diligence et le jugement requis, un ouvrage sur les *opinions des anciens philosophes*. Car nous ne voyons pas qu'un pareil ouvrage existe encore. Cependant, cet exposé-là, j'engage les écrivains à le faire d'une manière *distincte*, c'est-à-dire, qu'il faut donner *séparément tout l'ensemble, tout le système* de *chaque philosophie;* au lieu de les donner par *morceaux détachés* et par *ordre de matières*, comme l'a fait *Plutarque* (1). Car,

―――――

(1) Il l'a fait sans doute pour éviter les répétitions. Car, en suivant la méthode prescrite par Bacon, si leur opinion étoit commune à douze

toute espèce de philosophie, quand elle est en son entier, se soutient elle-même, et ses dogmes se prêtent une lumière et une force mutuelles. Que si on les morcèle, elles ont je ne sais quoi d'étrange et de mal-sonant. Certainement quand je lis dans *Tacite* les actions de Néron ou de Claude, revêtues de toutes les circonstances des temps, des personnes et des occasions, je n'y vois rien qui s'éloigne absolument de la vraisemblance. Mais quand je lis les mêmes faits dans *Suétone*, présentés par masses détachées, et sous la forme de *lieux communs*, sans égard à l'ordre des temps, alors c'est pour moi quelque chose d'incroyable, de monstrueux. On observe la même différence entre une *philosophie* présentée en entier et la même *philosophie* dépecée et comme disséquée. Or, de cette collection *des opinions philosophiques*, je n'exclus pas les théories et les dogmes

---

philosophes, il faudroit en répéter onze fois l'exposé.

des modernes; tels que le *système de Théophraste Paracelse*, dont *Severin le Danois* a fait, avec tant d'éloquence, un seul corps, et à laquelle il a donné une sorte d'harmonie philosophique : ou celui de *Télèse de Cosence*, qui, rétablissant la philosophie de *Parménide*, a tourné les armes des Péripatéticiens contre eux-mêmes : ou encore celui de *Patrice de Venise*, qui a élevé si fort les fumées du platonisme : ou enfin celui de *Gilbert*, notre compatriote, qui a renouvellé les dogmes de *Philolaüs* : ou de tout autre, pourvu qu'il en mérite la peine. Or, comme les ouvrages de ceux-ci subsistent en leur entier, il suffiroit d'en donner un extrait, et de le joindre aux autres : en voilà assez sur la *physique* et ses *appendices*.

Quant à la *métaphysique*, nous lui avons attribué la recherche des causes *formelles* et *finales*; attribution qui peut sembler inutile quant aux *formes*. Car il est une opinion accréditée et désormais invétérée, qui fait croire qu'il n'est point d'industrie humaine suffisante pour découvrir les *formes essentielles*, ou *les vraies différences* des choses ; opinion qui nous donne beaucoup, en nous accordant du moins que, de toutes les parties de la science, l'invention des *formes* est celle qui mérite le plus nos recherches, en supposant que cette découverte soit possible. Quant à ce qui regarde la *possibilité* de l'invention, ce sont de bien lâches navigateurs, et bien peu faits pour les découvertes, que ceux qui, du moment qu'ils ne voient plus que le ciel et la mer, s'imaginent qu'il n'y a plus de terre au-delà de leur horison. Mais il est clair que *Platon*, homme d'un sublime génie, qui, promenant ses regards sur toute la nature, sembloit contempler toutes choses d'un rocher élevé, a très bien vu, dans sa doctrine des *idées*, que les *formes* sont le véritable *objet de la science*, quoiqu'il ait lui-même perdu tout le fruit de cette opinion si bien fondée, en envisageant et en s'efforçant d'embrasser des *formes* tout-à-fait immatérielles, et non déterminées dans la matière; méprise dont l'effet pour lui a été de se tourner vers les *spéculations théologiques*, ce qui a infecté et souillé toute sa philosophie naturelle. Que si, avec la diligence, le soin et la sincérité dont nous sommes capables, nous tournons nos regards vers l'action et l'utilité, il ne nous sera pas difficile de chercher et de connoître ces *formes* dont la connoissance peut enrichir le genre humain et assurer son bonheur; car les *formes des substances* (si on en excepte l'homme seul dont l'écriture dit: *il forma l'homme du limon de la terre, et souffla sur sa face un souffle de vie*. Et non pas comme des autres espèces, dont elle dit: *que les eaux produisent, que la terre produise*): les *espèces*, dis-je, des créatures, telles qu'on les trouve aujourd'hui, multipliées par leurs *combinaisons* et leurs *transformations*, sont tellement croisées et mêlées les unes avec les autres, qu'il faut, ou renoncer à toute recherche dont elles sont l'objet, ou la remettre à un autre temps, et attendre, pour la faire, que les *formes des natures plus simples* aient été bien examinées, et qu'elles soient parfaitement connues. Car, de même qu'il ne seroit ni facile, ni même utile en aucune manière de chercher la forme de tel *son* qui compose tel mot; le *nombre* des *mots* que peuvent former les lettres par leurs combinaisons et leurs transpositions, étant *infini;* mais que la recherche de la *forme* du *son* qui constitue *telle lettre simple*, c'est-à-dire, de celle où il s'agit de savoir par quelle *espèce de choc* et d'*application* des *instrumens* de la *voix* il est formé; cette recherche, dis-je, est non-seulement *possible*, mais même *facile;* et ce sont pourtant ces *formes* des lettres qui, une fois connues, conduisent aussi-tôt à la connoissance de celles des mots. C'est précisément ainsi qu'en cherchant la *forme* du *lion*, du *chêne*, de l'*or*, ou même celle de l'*eau* ou de l'*air*, l'on perdroit ses peines. Mais découvrir la *forme* de l'une ou de l'autre des *natures* exprimées par ces mots, *dense, rare, chaud, froid, pesant, léger, tangible, pneumatique, volatile, fixe*, et autres semblables manières d'être, soit *modifications de la matière*, soit *mouvemens*, que nous avons dénombrées dans la *physique*, comme devant y être traitées, que nous appellons ordinairement *formes de la première classe*; qui, semblables en cela aux lettres de l'alphabet, ne sont pas en si grand nombre qu'on pourroit le penser; et qui ne laissent pas néanmoins de constituer les *essences*, les *formes* de toutes les substances, et de leur servir de base; c'est à cela, à cela même que tendent tous nos efforts; c'est là proprement ce qui constitue et définit cette partie de la *métaphysique* dont nous sommes actuellement occupés. Ce qui n'empêche nullement que la *physique* ne considère aussi ces mêmes *formes*, comme nous l'avons dit, mais seulement quant aux *causes variables*. Par exemple, cherche-t-on la cause de la *blancheur* qu'on observe dans la *neige* ou l'*écume*, c'est en donner une bonne explication, que de dire que ce n'est qu'un subtil mélange de l'air avec l'eau. Mais il s'en faut de beaucoup que ce soit là précisément la *forme* de la *blancheur;* attendu que l'air mêlé aussi avec le verre ou le crystal pulvérisé, produit la *blancheur* tout aussi bien que par son mélange avec l'eau. Et ce n'est là qu'une *cause efficiente,* laquelle n'est autre chose que le *véhicule de la forme.* Mais si vous faisiez la même recherche en *métaphysique,* vous trouveriez à peu près le résultat suivant; savoir : *que deux corps mêlés l'un avec l'autre, par portions optiques, disposées dans un ordre simple, ou uniforme, constitue la blancheur* (1). Je trouve que cette partie de la *métaphysique* est à *suppléer,* et c'est ce qui ne doit nullement étonner; car, par la méthode qu'on a suivie jusqu'ici dans les recherches, jamais, non jamais

---

(1) L'explication de ce passage exigeroit un commentaire un peu long, qui seroit déplacé ici; nous le renvoyons au *novum organum.*

les *formes* des choses ne comparoîtront. Or, la véritable source de ce mal et de tous les autres, c'est que les hommes éloignent trop et trop tôt leurs pensées de *l'expérience* et des choses particulières, pour se livrer totalement à leurs méditations et à leurs raisonnemens.

Cette partie de la *métaphysique*, que je range parmi les *choses à suppléer*, est d'une éminente utilité, et cela par deux raisons: l'une, est que l'office et la vertu propre des *sciences* est *d'abréger* les détours et les longueurs de *l'expérience* (autant toutefois que le permet la vérité), et est par conséquent de remédier à cet ancien sujet de plainte, savoir, *la courte durée de la vie* et *les longueurs de l'art*. Or, le meilleur moyen pour arriver à ce but, c'est de lier ensemble et d'unir étroitement les axiômes des sciences, pour les convertir en axiômes plus généraux, et qui s'appliquent à tous les sujets individuels. Car les *sciences* sont comme autant de *pyramides*, dont l'*histoire* et l'*expérience* sont l'unique base;

et par conséquent la base de la *philosophie naturelle* est l'*histoire naturelle :* l'étage le plus voisin de la base, est la *physique ;* et le plus voisin du sommet, la *métaphysique.* Quant au *sommet* du cône, au point le plus élevé ; je veux dire, l'œuvre que Dieu opère depuis le commencement jusqu'à la fin, la *loi sommaire de la nature ;* en un mot, je ne sais (et je n'ai que trop de raisons pour en douter) si l'intelligence humaine peut y atteindre. Au reste, ce sont là les trois vrais étages des sciences ; et ce sont pour les hommes enflés de leur propre science, et qui ont bien l'audace de combattre Dieu même, comme ces trois montagnes qu'entassèrent les géans,

Par trois fois, mais en vain, leur orgueil entassa
Ossa sur Pelion ; Pelion sur Ossa.

Mais pour ceux qui, s'anéantissant eux-mêmes, rapportent tout à la gloire de Dieu, c'est quelque chose de semblable à cette triple acclamation : *sanctus,*

sanctus, sanctus. Car Dieu est saint dans la multitude de ses œuvres; saint, dans l'ordre qu'il y a mis; et saint, dans leur harmonie. Aussi cette idée de *Parmenide* et de *Platon* (quoique ce ne soit au fond qu'une pure spéculation) n'en a-t-elle pas moins de justesse et de grandeur: *Toutes choses*, disent-ils, *s'élèvent par une sorte d'échelle à l'unité.* Or, la science, qui sans contredit tient le premier rang, c'est celle qui débarrasse l'entendement humain de la multiplicité des objets. Et quelle autre pourroit-ce être que la *métaphysique* qui considère principalement ces *formes* des choses que nous avons qualifiées ci-dessus de *formes de la première classe ?* attendu que ces *formes*, quoiqu'en fort petit nombre, ne laissent pas de constituer par leurs proportions et leurs coordinations, la variété des choses. Il est un second avantage qui distingue cette partie de la *métaphysique* qui a les *formes* pour objet, et qui ouvre à la pratique le champ le plus vaste et le mieux applani. La *physique* conduit l'industrie humaine par des routes étroites et embarrassées, semblables aux sentiers tortueux de la nature abandonnée à son cours ordinaire. Mais de larges voies sont ouvertes au sage dans toutes les directions ; car c'est la sagesse, celle, dis-je, que les anciens définissoient *la science des choses divines et humaines,* qui peut seule, par une abondante variété de moyens, se suffire à elle-même. En effet, *la cause physique* donne, il est vrai, des lumières et des prises pour faire des découvertes dans une matière analogue ; mais celui à qui la *forme* est connue, connoît aussi *le plus haut degré de possibilité d'introduire la nature en question dans toute espèce de matières,* et il en est d'autant moins astreint dans ses opérations, soit à la base *matérielle,* soit à la condition de l'*efficient.* C'est ce même genre de science que Salomon décrit élégamment par ces mots: *tes voies ne seront point resserrées, et en courant, tu ne rencontreras point de pierre d'achoppement :* paroles par lesquelles il nous fait entendre que les voies de la *sagesse* ne sont point sujettes à être resserrées ni embarrassées par des obstacles.

La seconde partie de la *métaphysique* est la recherche des *causes finales;* partie que nous notons ici, non comme *oubliée*, mais comme *mal placée;* car ces causes, on est dans l'habitude de les chercher parmi les objets de la *physique*, et non parmi ceux de la *métaphysique:* mais s'il n'en résultoit d'autre inconvénient que le défaut d'*ordre*, je n'y verrois pas tant de mal ; car l'*ordre*, après tout, n'a pour but que l'*éclaircissement* de la vérité, et ne tient point à la substance des sciences. Il faut convenir pourtant que ce renversement d'ordre a donné naissance à un défaut très notable, et introduit un grand abus dans la philosophie ; c'est cette manie de traiter des *causes finales* dans la *physique*, qui en a chassé et comme banni la recherche des *causes physiques*. Elle a fait que les hommes se reposant sur des apparences, sur des *ombres de causes* de cette espèce, ne se sont pas attachés à la recherche des *causes* réelles et vraiment *physiques*, et cela au grand préjudice des sciences ; car je trouve que cette méprise n'est pas particulière à *Platon*, qui jette toujours l'ancre sur ce rivage-là ; mais qu'il faut l'imputer aussi à *Aristote*, à *Galien*, et à quelques autres qui donnent à chaque instant sur ces bas-fonds. En effet, si, pour expliquer certaines dispositions et conformations du corps humain, l'on disoit : *que les paupières, avec les poils qui les couvrent, sont comme une haie, comme un rempart pour les yeux;* ou que *la fermeté de la peau, dans les animaux, a pour but de les garantir du chaud et du froid;* ou que *les os sont comme autant de colonnes ou de poutres que la nature a élevées pour servir d'appui à l'édifice du corps humain;* ou encore que *les arbres poussent des feuilles afin d'avoir moins à souffrir de la part du soleil ou des vents; que les nuages se portent vers la région supérieure, afin d'arroser la terre par des pluies;* ou enfin, que *la terre a été condensée et consolidée, afin qu'elle pût servir de demeure stable, de base aux animaux*, et autres choses semblables, on n'auroit pas tort d'alléguer de telles raisons en *métaphysique; mais en physique*, elles sont tout-à-fait déplacées. Disons donc (et c'est ce que nous avons déjà commencé à dire), que toutes les explications de cette espèce sont semblables à ces rémores, qui, comme l'ont imaginé certains navigateurs, s'attachent aux vaisseaux et les arrêtent; que ces explications ont pour ainsi dire retardé la navigation et la marche des sciences, les ont empêchées de se tenir dans leur vraie route, et les ont comme forcées de rester là. Elles ont fait, que dès long-temps la recherche des causes physiques languit négligée : aussi la philosophie de *Démocrite* et de ces autres contemplatifs, qui ont écarté Dieu du système du monde, et attribué la formation de l'univers à ce nombre infini de *tentatives* et d'*essais* de la nature, qu'ils désignoient par le seul mot de *destin* ou de *fortune*, ne reconnoissant pour cause des choses particulières que la seule *nécessité*, sans l'intervention des *causes finales;* cette philosophie, dis-je, autant du moins qu'on en peut juger par ses fragmens et ses débris, nous paroît, quant aux *causes physiques*, avoir beaucoup plus de solidité, et avoir pénétré plus avant dans la nature que celles de Platon et d'Aristote; par cette raison-là même que les premiers ne se sont jamais occupés des *causes finales*, au lieu que les derniers n'ont fait que rebattre ce sujet-là; et c'est en quoi il faut accuser plus *Aristote* que *Platon*, attendu que le premier ne dit pas un seul mot de la *source* des causes finales, de *Dieu*, dis-je, qu'il met la *nature* à sa place (1), et que c'est en ama-

---

(1) Si Aristote et ses imitateurs supposent à la *nature* des *vues*, un *but*, un *dessein*, un *plan*, un *ordre* de moyens, comme nous le faisons nous-

teur de *logique*, et non de *théologie*, qu'il a embrassé les *causes finales*. Quand nous parlons ainsi, ce n'est pas que les *causes finales* nous paroissent n'avoir aucune *réalité*, et ne mériter aucunement nos recherches dans les spéculations *métaphysiques*; mais c'est que dans ces excursions et ces irruptions continuelles que font les *causes finales* dans les possessions des *causes physiques*, elles ravagent et bouleversent tout dans ce département; autrement ce seroit se tromper lourdement que d'imaginer que les *causes finales*, une fois bien circonscrites dans leurs limites, puissent combattre et lutter contre les *causes physi-*

---

mêmes en parlant de *Dieu*, il est clair que ce que nous appellons *Dieu*, est précisément ce qu'ils appellent la *nature*; qu'il ne s'agit entre eux et nous que d'un *nom*; et que c'est ici une pure *dispute* de *mots*. Or, Aristote et ses sectateurs supposent en effet ce que nous venons de dire, lorsqu'ils prétendent que *la nature ne fait rien en vain : qu'elle choisit toujours les moyens les plus simples*, etc. concluez.

ques; car cette explication, qui consiste à dire *que les paupières sont le rempart des yeux*, n'a rien d'incompatible avec cette autre, qui dit : *que les poils naissent ordinairement PRÈS DES ORIFICES DES PARTIES HUMIDES, les fontaines couvertes de mousse,* etc.

Et cette explication qui dit *que la consistance de la peau dans les animaux est destinée à garantir le corps des injures de l'air,* n'a rien de contraire à cette autre : *que la consistance de la peau a pour cause la contraction des pores, occasionnée dans les parties extérieures du corps par le froid et par la déprédation de l'air;* et il en est de même des autres. Ces deux espèces de *causes* s'accordent parfaitement bien ; avec cette différence pourtant que l'une désigne une *intention ;* et l'autre, un *simple effet.* De telles observations ne révoquent nullement en doute la *providence divine,* et ne lui ôtent rien : disons plutôt qu'elles donnent plus de grandeur et de solidité à l'idée que nous en avons.

Car, de même que, dans les relations de la vie ordinaire, si un homme savoit, pour aller à ses fins et pour satisfaire ses désirs, se prévaloir de l'assistance des autres, sans leur communiquer ses desseins; et cela de manière qu'il les engageât à faire tout ce qu'il voudroit, sans qu'ils s'apperçussent jamais qu'ils ne sont que ses machines, la politique de cet homme-là nous paroîtroit sans doute plus profonde et plus admirable, que s'il mettoit dans sa confidence tous les ministres de sa volonté. C'est ainsi que la *sagesse divine* se fait bien plus admirer, si, tandis que la nature fait une chose, la providence en tire une autre, que si les caractères de cette providence étoient imprimés dans chaque texture de corps et dans chaque mouvement naturel. Je le crois bien: *Aristote*, après avoir, pour ainsi dire, *engrossé* la nature de *causes finales*, et répété si souvent *que la nature ne fait rien en vain; qu'elle vient toujours à bout de ses desseins, lorsque des obstacles n'arrêtent point sa mar-*

che, avec une infinité d'autres assertions de cette espèce, n'eut absolument plus besoin de *Dieu*. Quant à *Démocrite* et *Épicure*, tant qu'ils se contentèrent de vanter leurs *atomes*, on les laissa dire; et jusques là, quelques esprits des plus pénétrans les supportèrent. Mais dès qu'ils prétendirent expliquer la formation de l'univers par le seul concours des atomes, sans qu'un esprit y eût la moindre part, ils eurent pour réponse un rire universel. Ainsi tant s'en faut que la considération des *causes physiques* détourne les hommes de *Dieu* et de la *providence*; qu'il faut plutôt dire que ces philosophes, qui ont fait tant d'efforts pour les découvrir, n'ont trouvé d'autre moyen pour se tirer d'affaire, que de recourir enfin à l'hypothèse d'un Dieu et de sa providence. Voilà ce que nous avions à dire sur la métaphysique. Or, nous ne disconvenons pas que la partie de cette science, qui a pour objet les *causes finales*, ne soit traitée dans les livres de *physique* et dans ceux de *métaphysique*; mais nous disons que, dans les derniers, elle est à sa *place*, et qu'elle est *déplacée* dans les *premiers*, vu les inconvéniens qui en ont résulté.

CHAPITRE V.

Division de la science active de la nature en méchanique et en magie; deux sciences qui répondent aux deux parties de la spéculative; savoir: la méchanique, à la physique; et la magie, à la métaphysique. Épuration du mot de magie. Deux appendices de la science active; savoir: l'inventaire des richesses humaines, et le catalogue des polychrestes.

Nous diviserons aussi la *science active* de la *nature* en deux parties, déterminés à cela par une sorte de nécessité; cette seconde division étant subordonnée à la première division de la *science spéculative*; attendu que la *physique* ou la recherche des *causes*, *efficiente* et *ma-*

térielle, produit la *méchanique;* et que la *métaphysique* ou la recherche des *formes* produit la *magie*. Car la recherche des *causes finales* est stérile, et, semblable à une vierge consacrée à Dieu, elle n'engendre point. Or, nous n'ignorons pas qu'il est une *méchanique* presque toujours purement *empyrique* et *ouvrière*, qui ne dépend point de la *physique;* mais celle-là, nous la rejetons dans l'*histoire naturelle*, la séparant ainsi de la *philosophie naturelle*. Nous ne parlons ici que de cette *méchanique* à laquelle on joint les *causes physiques*. Il est pourtant entre deux une certaine *méchanique* qui, sans être tout-à-fait ouvrière, ne touche pas non plus tout-à-fait à la philosophie. Car, de toutes les inventions actuellement connues, les unes sont dues au seul hazard, et ont été comme transmises de main en main par la tradition ; les autres sont le fruit de recherches faites à dessein. Or, de ces choses *inventées exprès*, on est arrivé aux unes à la lumière des *causes* et des *axiômes*, ou à l'aide d'une sorte d'*extension*, de *translation* ou de *combinaison* des découvertes déja faites ; ce qui suppose plutôt un certain génie et une certaine sagacité, qu'un esprit vraiment philosophique. Or, cette dernière partie, que nous n'avons garde de mépriser, nous la traiterons lorsque, dans la logique, nous dirons un mot de l'*expérience guidée*. Mais cette méchanique dont il est ici question, *Aristote* l'a traitée d'une manière générale et indistincte, ainsi que *Hiéron*, dans son ouvrage sur les substances *aériformes*. Nous avons encore Georges *Agricola*, écrivain récent, qui l'a traitée avec beaucoup de soin dans sa *minéralogie*. Enfin, une infinité d'autres l'ont fait aussi par rapport à des sujets particuliers : ensorte que je n'ai rien à dire sur les *choses omises* dans cette partie, sinon que les modernes auroient dû, avec plus de zèle, appliquer leur travail à la continuation de cette méchanique indistincte, dont Aristote leur avoit donné un exemple ; sur-tout en préférant, parmi les procédés méchaniques, ceux dont la cause est plus difficile à découvrir, ou dont les effets sont plus remarquables. Malheureusement ceux qui s'attachent à cet objet, ne font, pour ainsi dire, que ranger les côtes, côtoyant un rivage dangereux. Car mon sentiment est qu'il est bien difficile de faire dans la nature quelque transformation radicale, de produire quelque chose de vraiment nouveau, soit à l'aide de certains heureux hazards, soit par le tâtonnement expérimental, soit à la lumière des *causes physiques*, et qu'on ne peut atteindre à ce but que par la découverte des *formes*. Si donc nous avons décidé que cette partie de la *métaphysique*, qui traite des formes, est *à suppléer*, il s'ensuit que la *magie naturelle* qui s'y rapporte, nous *manque également*. Mais c'est ici le lieu de demander qu'on rende à ce mot de *magie*, qui depuis si longtemps est pris en mauvaise part, la signification honorable qu'il eut autrefois. En effet, la *magie*, chez les Perses, étoit regardée comme la plus haute sagesse, et comme la science des *consentemens universels des choses.* Nous voyons aussi que ces trois rois qui vinrent d'orient adorer le Christ, étoient décorés du titre de *Mages.* Quant à nous, nous entendons par ce mot, la science qui, de la connoissance des *formes* cachées, déduit des opérations étonnantes, et qui, en *joignant,* comme l'on dit, *les actifs avec les passifs,* dévoile les grands mystères de la nature. Car, pour ce qui est de cette *magie naturelle* qui voltige en tant d'écrits, et qui embrasse je ne sais quelles traditions et observations crédules et superstitieuses, sur les *sympathies* et les *antipathies,* sur les *propriétés occultes* et *spécifiques,* avec une infinité d'expériences pour la plupart frivoles, et qui excitent plutôt l'admiration par l'adresse avec laquelle on en cache les procédés, et par l'espèce de masque dont on les couvre, que par la valeur réelle de leurs produits, ce ne seroit pas se tromper de beaucoup, que d'avancer que ces relations, quant à la *vérité de la nature,* s'éloignent autant de cette science que nous cherchons, que les relations des exploits d'*Artur* de *Bretagne*, ou de *Hugon* de *Bordeaux*, et d'autres héros obscurs de cette espèce, diffèrent des *commentaires de César*, quant à la *vérité historique*. Car il est manifeste que *César* a fait réellement de plus grandes choses que tout ce que ces romanciers ont su imaginer en faveur de leurs héros; et cela par des moyens qui n'avoient rien de fabuleux : et ce qui nous donne une juste idée des doctrines de ce genre, c'est la fable d'*Ixion*, qui, aspirant aux faveurs de *Junon*, déesse de la puissance, eut affaire à une nuée, qui échappa aussi-tôt à ses embrassemens; puis enfanta les *centaures* et les *chimères*. C'est ainsi que ceux qu'une passion insensée et sans frein entraîne vers ces objets qu'ils croient voir à travers les nuages et les vapeurs de leur imagination, ne recueillent, pour fruit de leurs efforts, au lieu d'effets réels, que de vaines espérances, que des fantômes difformes et monstrueux. Or, l'effet de cette *magie naturelle*, superficielle et si indigne de son origine, sur les hommes qui s'en occupent, ressemble fort à celui de certains *narcotiques*, qui excitent à dormir, et qui, durant ce sommeil, procurent des songes rians et flatteurs. Car, en premier lieu, ils assoupissent l'entendement, en chantant des propriétés spécifiques, des vertus occultes et comme envoyées du ciel, qu'on ne peut apprendre que par le chuchottement des gens à secrets. D'où il arrive que les hommes ne savent plus s'exciter et s'éveiller eux-mêmes, pour s'appliquer à la recherche des véritables causes, se reposant sur des opinions oiseuses de cette espèce, et adoptées sur parole. En second lieu, elle insinue peu à peu dans l'esprit une infinité d'imaginations agréables, et semblables à ces rêves dans lesquels on aime à se bercer. Or, une observation à faire sur ces sciences qui tiennent trop de l'imagination et de la foi, telles que cette *magie superficielle*, dont nous parlons ici, l'*alchymie*, l'*astrologie*, et autres semblables, c'est que leurs moyens et leurs théories ont quelque chose de plus monstrueux, que la fin même, que le but auquel ils tendent.

La transmutation de l'argent, du mercure, ou de tout autre métal en or, est sans doute une chose difficile à croire; cependant il est plus vraisemblable qu'un homme qui auroit bien analysé, et qui connoîtroit à fond la nature de la *pesanteur*, de la *couleur jaune*, de la *malléabilité*, de la *ductilité*, de la *fixité*, de la *volatilité*, et qui auroit aussi pénétré bien avant dans la nature des premières semences, des premiers menstrues des minéraux, pourroit enfin, à force d'essais et de sagacité, faire de l'or; qu'il ne l'est que quelques gouttes d'un *élixir* puissent, en quelques minutes, convertir en or les autres métaux; d'un *élixir*, dis-je, assez actif pour achever l'ouvrage de la nature, et la débarrasser de tout obstacle. De même la possibilité de retarder la vieillesse et de rajeunir jusqu'à un certain point, n'est pas facile à croire.

Cependant il est infiniment plus probable qu'un homme, qui connoîtroit bien la nature du *desséchement* et de cette *déprédation* que l'*esprit* exerce sur les solides du corps humain; et qui, sachant aussi d'où dépend le plus ou le moins de perfection de l'*alimentation* et de l'*assimilation*, connoîtroit de plus la nature des *esprits* et de cette espèce de *flamme* répandue dans le corps, et qui est disposée, tantôt à consumer les parties, tantôt à réparer leurs pertes; il est plus probable, dis-je, qu'un tel homme, à l'aide de *diètes*, de *bains*, d'*onctions*, de *remèdes* bien choisis, d'*exercices* appropriés à ce dessein, et d'autres moyens semblables, pourroit prolonger la vie, et rappeller, jusqu'à un certain point, la vigueur de la jeunesse; qu'il ne l'est qu'on puisse parvenir au même but, à l'aide de quelques gouttes, de quelques scrupules d'une certaine *liqueur précieuse*, d'une *quintessence*. Enfin, qu'on puisse, par la seule inspection des astres, prédire les destinées des hommes et des choses, c'est ce qu'on ne croira pas aisément et au premier mot. Mais de croire que l'heure de la naissance, qu'une infinité d'accidens naturels peuvent avancer ou retarder, décide de la fortune d'une vie entière, et que l'heure où l'on agite une question, est liée, par une sorte de *confatalité*, avec la chose même que l'on cherche, c'est s'amuser à des bagatelles. Telle est pourtant la présomption de la race humaine, et son penchant vers l'*excès*, que non-seulement elle se promet des choses impossibles; mais qu'elle se flatte même de pouvoir, sans travail et sans sueur, exécuter les choses les plus difficiles. Quoi qu'il en soit, c'est assez parlé de la *magie*. Au reste, nous avons effacé cette note d'infamie qui étoit attachée à ce *nom*, et appris à distinguer son visage réel de son masque.

Or, cette partie de la science active de la *nature*, a deux *appendices* qui sont toutes deux également d'un grand prix. L'une est l'*inventaire des richesses humaines*, où l'on doit faire entrer et dénombrer, d'une manière succincte, tous les biens, toute la fortune du genre humain; soit qu'elle fasse partie des fruits, des productions de la nature ou de celles de l'art. D'abord, ces biens dont les hommes sont déjà en possession, et ont la jouissance; en y ajoutant ceux dont on ne peut douter que les anciens n'aient eu connoisssance, mais qui aujourd'hui sont perdus. Et cet ouvrage, s'il faut s'en occuper, c'est afin que ceux qui se disposent à faire de nouvelles découvertes, ne s'épuisent pas à réinventer ce qui est déjà connu et existant. Or, cet inventaire aura plus de méthode et d'utilité, si l'on y réunit et ces choses qui, dans l'opinion commune, sont réputées tout-à-fait impossibles, et celles qui, étant presque impossibles, ne laissent pas d'être en notre possession. De ces deux dernières collections, l'une aura l'avantage d'aiguiser la faculté inventive; l'autre, celui de la diriger jusqu'à un certain point. C'est par ce double moyen qu'on pourra exécuter ce qui se réduit encore à de simples vœux, et *déduire plus promptement la puissance à l'acte* (1). La seconde appendice est un *registre* de cette espèce d'inventions, qu'on peut regarder comme *vraiment polycrestes* (2), c'est-à-dire, qui contribuent et qui conduisent à d'autres inventions. Par exemple, l'expérience de la congélation artificielle de l'eau à l'aide de la glace mêlée avec du sel commun, mène à une infinité de choses. Ce procédé de condensation révèle un secret qui est pour l'homme d'une éminente utilité; car le *feu* est sous notre main pour opérer des *raréfactions* : mais s'agit-il des *condensations*, nous sommes en défaut. Or, rien de plus propre pour faciliter l'invention, que de donner place à ces *polycrestes*, dans un catalogue approprié à ce dessein.

---

(1) Expression scholastique, qui signifie réaliser par l'exécution ce qui n'étoit encore que *possible*.

(2) Ayant des usages *multipliés*.

CHAPITRE VI.

De la grande appendice de la philosophie naturelle, tant spéculative que pratique, c'est-à-dire, les mathématiques : qu'elles doivent plutôt être placées parmi les appendices, que parmi les sciences substantielles. Division des mathématiques en pures et en mixtes.

C'est avec raison qu'Aristote a dit que la *physique et les mathématiques engendrent* la *pratique* ou la *méchanique*. Ainsi, comme nous avons déja traité les parties de la *science de la nature*, tant *spéculative* que *pratique*, c'est ici le lieu de parler des *mathématiques*, qui sont pour l'une et l'autre une science auxiliaire. Car, dans la philosophie reçue, on la joint ordinairement à la *physique* et à la *métaphysique*, à titre de troisième partie. Quant à nous, qui remanions et revisons tout cela, si notre dessein étoit de la désigner comme une science substantielle et fondamentale, il seroit plus conforme à la nature de la chose même, et aux règles d'une distribution bien nette, de la constituer comme une partie de la *métaphysique;* car la *quantité*, qui est le sujet propre des *mathématiques*, appliquée à la matière, étant comme la *dose* de la *nature*, et servant à rendre raison d'une infinité d'effets dans les choses naturelles. Ainsi c'est parmi les *formes essentielles* qu'il faut la ranger. Car la *puissance* de la *figure* et des *nombres* a paru si grande aux anciens, que *Démocrite* a donné le *premier rang aux figures des atomes parmi les principes de la variété des choses;* et que *Pythagore* n'a pas craint d'avancer que les *nombres* étoient les *principes constitutifs* de la nature (1).

---

(1) Les nombres sont en effet *principes constitutifs* des choses, non à titre d'*êtres réels*, mais comme *simples conditions;* car la figure est certainement une *condition importante* dans tous les

Au reste, il est hors de doute que la *quantité* est de toutes les *formes* naturelles, telles que nous les entendons, la plus abstraite et la plus séparable de la matière (1), et c'est par cette raison-là même qu'on s'en est tout autrement occupé, que de ces autres *formes* qui sont plus profondément plongées dans la matière. Car, comme, en vertu d'un penchant vraiment inné, l'esprit humain se plaît beaucoup plus dans les choses gé-

―――――――――

corps, et qui influe sur toutes leurs propriétés. Or, la figure d'un composé dépend du *nombre* et de l'*arrangement* de ses élémens. Ainsi l'opinion de Pythagore n'est rien moins qu'absurde, et ce qu'elle a d'étrange vient sans doute de l'exagération qu'y auront mise ses disciples, qui lui auront fait dire ce qu'il n'avoit pas dit, ou des copistes, ou des traducteurs, ou des lecteurs même qui l'auront jugé avant de l'avoir bien médité.

(1) On croit communément que l'idée de l'*Être* est la plus générale de toutes les idées; mais ce n'est qu'une erreur; car l'idée de *nombre* l'est beaucoup plus, puisqu'elle s'applique à tous les objets de nos pensées, soit réels, soit possibles, soit imaginaires.

nérales qu'il regarde comme des champs vastes et libres, que dans les faits particuliers où il se croit enseveli comme dans une *forêt*, et renfermé comme dans un *clos*, on n'a rien trouvé de plus agréable et de plus commode que les mathématiques, pour satisfaire ce désir de se donner carrière et de méditer sans contrainte. Or, quoique, dans ce que nous disons ici, il n'y ait rien que de vrai, néanmoins à nous, qui n'avons pas simplement en vue l'*ordre* et la *vérité*, mais encore l'*utilité* et l'avantage des hommes, il nous a paru plus convenable, vu la grande influence des *mathématiques*, soit dans les matières de *physique* et de *métaphysique*, soit dans celles de *méchanique* et de *magie*, de les désigner comme une *appendice* de toutes et comme leurs troupes *auxiliaires*. Et c'est à quoi nous sommes, en quelque manière, forcés par l'engouement et l'esprit dominant des mathématiciens, qui voudroient que cette science commandât presqu'à la physique. Car je ne sais comment il se fait que la *logique* et les *mathématiques*, qui ne devroient être que les servantes de la *physique*, se targuant toutefois de leur certitude, veulent absolument lui faire la loi. Mais au fond, que nous importe la *place* et la dignité de cette science ? C'est de la *chose* même qu'il faut nous occuper.

Les *mathématiques* sont ou *pures* ou *mixtes*. Aux *mathématiques pures* se rapportent les sciences qui ont pour objet la *quantité*, abstraction faite de la matière et des axiômes physiques. Elles se divisent en deux espèces ; savoir : la *géométrie* et l'*arithmétique*, dont l'une traite de la *quantité concrète*, et l'autre, de la *quantité discrète*. Ces deux arts, sans doute, on n'a pas manqué d'industrie et de pénétration pour y faire des découvertes et pour les traiter. Et cependant aux travaux d'*Euclide* en *géométrie* (1), on n'a rien ajouté qui fût en pro-

---

(1) Si Bacon vivoit aujourd'hui, il changeroit bien de langage à cet égard.

portion avec un si grand espace de temps. Et cette partie qui traite des *solides*, ni ancien, ni moderne, ne l'a enrichie et perfectionnée, en raison de son importance et de son utilité. Quant à l'*arithmétique*, on n'a point encore inventé des abréviations de calculs assez variées et assez commodes, sur-tout à l'égard des *progressions* qui sont du plus grand usage en physique (1); ni l'*algèbre* non

---

(1) Dans la nature il n'est pas deux êtres parfaitement égaux; et le même être ne demeure pas deux instans de suite au même degré, par rapport à aucune de ses qualités. Ainsi tout est progression, tout est série dans la nature. C'est probablement le sentiment de cette vérité qui a porté ces plus grands mathématiciens des derniers temps, entr'autres Newton et Leibnitz, à tourner presque toute leur attention vers cette partie des mathématiques qui traite des *séries*. Malheureusement ces progressions mathématiques, ainsi que les figures géométriques, n'ont rien de commun avec la réalité des choses. Tous les théorèmes relatifs aux unes et aux autres, ne sont que des vérités conditionnelles, que de pures suppositions. Graces au génie de ces grands hommes, nous serions en

plus n'est complette. Quant à cette *arithmétique pythagorique et mystique*, qu'on a commencé à renouveller à la faveur des ouvrages de *Proclus* et de quelques fragmens d'*Euclide*, ce n'est qu'un certain écart de spéculation (1). Car l'esprit hu-

état de mesurer l'univers entier, si .... si l'univers étoit conforme à nos idées ; ou , ce qui est la même chose, si nos idées étoient conformes à l'univers : or, nos idées mathématiques ne sont point conformes à l'univers; elles ne le sont qu'aux principes imaginaires que nous nous sommes faits. *Étant donnée telle chose* et telle autre, je résoudrois tel problème ; mais ces choses ne sont *pas données*, et le problème *reste à résoudre*. Les mathématiciens savent tirer des conséquences, mais ils ne savent pas former des principes, ou les vérifier ; ils ne savent que les accepter et les appliquer.

(1) Ces nombres mystérieux n'étoient dans l'intention de Pythagore que des emblêmes. C'étoit, comme la plupart des mythologies païennes, un voile dont ces philosophes couvroient leurs opinions, soit pour les dérober à l'œil profane du vulgaire qui en eût abusé, soit pour leur donner quelque chose de plus auguste. Mais, graces aux

main a cela de propre, que lorsque les choses solides sont au-dessus de sa portée, il se rabat sur les choses frivoles. Les mathématiques *mixtes* ont pour sujet les *axiômes* et une *certaine portion* de la *physique*. Elles considèrent la *quantité*, en tant qu'elle peut servir à éclaircir, à démontrer et à réaliser ce qu'elles empruntent de cette science. Car il est dans la nature une infinité de choses qu'on ne peut comprendre parfaitement, démontrer assez clairement, ni appliquer à la pratique avec assez de sûreté et de dextérité, sans le secours et l'intervention des *mathématiques*. De ce genre sont la *perspective*, la *musique*, l'*astronomie*, la *cosmographie*, l'*architecture*, la *science des machines* et quelques autres. Au reste je ne vois pas qu'il y ait

---

poëtes, dans les siècles postérieurs on a pris le figuré pour le propre, le voile pour le corps voilé, la draperie pour le nu; et telle est l'origine de presque tous les mensonges religieux.

dans les *mathématiques mixtes* aucune partie *à suppléer* en entier; mais je prédis qu'il y en aura beaucoup par la suite, pour peu que les hommes ne demeurent point oisifs. Car, à mesure que la *physique,* croissant de jour en jour, produira de nouveaux axiômes, il faudra bien tirer de nouveaux secours des *mathématiques;* d'où naîtront differens genres de *mathématiques mixtes* (1).

Nous avons désormais parcouru la *science de la nature,* et noté ce qui s'y trouve *à suppléer.* En quoi, si nous nous sommes quelquefois écartés des opinions anciennes et reçues; et si, à ce titre, nous avons donné quelque prise à la

---

(1) C'est en effet ce qui est arrivé depuis; et les ouvrages en ce genre sont en si grand nombre, qu'un volume pourroit à peine en contenir les seuls titres. Mais c'est sur-tout aux Descartes, aux Newtons, aux Leibnitzs, aux Eulers, aux Boscovichs, aux Bernouillis, aux Lagranges, qu'on doit le prodigieux accroissement des sciences physico-mathématiques.

contradiction, quant à ce qui nous regarde, comme nous sommes très éloignés de vouloir innover, par la même raison, nous n'avons nullement envie de disputer. Et si nous pouvons dire :

Ce n'est pas pour des sourds que nous chantons; mais les forêts elles-mêmes sauront répondre à tout.

La voix des hommes aura beau réclamer, celle de la nature criera encore plus haut qu'eux. Or, de même qu'*Alexandre Borgia* avoit coutume de dire, en parlant de l'expédition des Français dans le royaume de Naples, *qu'ils étoient venus la craie en main, pour marquer leurs étapes*, et *non l'épée au poing pour faire une invasion;* c'est ainsi que nous préférons cette méthode douce par laquelle la vérité s'introduit paisiblement par-tout où les esprits sont, pour ainsi dire, *marqués de la craie*, et disposés à recevoir un tel hôte, à cette méthode violente qui aime à ferrailler et à se frayer le chemin par des querelles et des combats. Ainsi ayant terminé ce que nous avions à dire sur ces deux parties de la philosophie, qui traitent de *Dieu* et de la *nature*, reste à parler de la troisième, qui traite de *l'homme*.

LIVRE IV.

CHAPITRE PREMIER.

Division de la doctrine sur l'homme en philosophie de l'humanité et philosophie civile. Division de la philosophie de l'humanité en doctrine sur le corps humain, et doctrine sur l'ame humaine. Constitution d'une doctrine générale de la nature ou de l'état de l'homme. Division de la doctrine de l'état de l'homme en doctrine de l'homme individu, et doctrine de l'alliance de l'ame et du corps. Division de la doctrine de l'homme individu en doctrine des misères de l'homme et doctrine de ses prérogatives. Division de la doctrine de l'alliance en doctrine des indications et doctrine des impressions. Attribution de la physiognomonie et de l'interprétation des songes *à la doctrine des* indications.

Si quelqu'un, roi plein de bonté, prenant occasion de ce que j'ai proposé jusqu'ici, ou de ce que je proposerai par la suite, s'avisoit de m'attaquer ou de me blesser, outre que je dois être en sûreté sous la protection de Votre Majesté, qu'il sache qu'il déroge en cela aux usages et à la discipline militaires. Car, moi qui ne suis qu'une sorte de trompette, je ne vais point au combat; et je ne puis tout au plus être regardé que comme un de ceux dont Homère dit :

Salut, hérauts; vous êtes les messagers et de Jupiter et des mortels.

Vu que les hommes de cette espèce alloient et venoient par-tout, même parmi les ennemis les plus âpres et les plus acharnés, sans crainte qu'on insultât leurs personnes. Or, si cette trompette que j'embouche appelle et éveille les hommes, ce n'est point du tout pour les exciter à se déchirer réciproquement par des contradictions; mais plutôt pour les engager à faire la paix entr'eux, et à réunir leurs forces, pour attaquer la nature même des choses, conquérir ses forteresses les plus escarpées, et reculer (autant que le pourra permettre la bonté divine) les limites de l'empire de l'homme.

Passons donc à cette science à laquelle nous conduit un antique oracle; je veux dire, à la science de *nous-mêmes*. Or, cette science, plus elle est importante pour nous, et plus elle exige de notre part d'étude et d'application. C'est pour l'homme la fin de toutes les sciences; mais au fond, ce n'est qu'une *portion de la science de la nature* elle-même. Et posons pour règle générale, que toutes ces divisions, pour les bien entendre et les bien appliquer, il ne faut pas oublier qu'elles ont plutôt pour but de *caractériser* et de *distinguer* les sciences, que de les *détacher* les unes des autres et de les *séparer :* et c'est ainsi que l'on évitera dans les *sciences, toute solution de continuité*. Car l'esprit opposé à celui-là rend les sciences stériles, infructueuses et erronées, vu qu'une fois séparées, elles cessent d'être nourries, substantées et rectifiées par leur source et leur aliment commun. C'est ainsi que nous voyons l'orateur *Cicéron*, se plaignant de *Socrate* et de son *école*, dire que ce philosophe fut le premier qui sépara la *philosophie* d'avec la *rhétorique*, et que par cette séparation, il fit de la *rhétorique* un art vain et babillard. Il n'est pas moins évident que le sentiment de *Copernic* sur le mouvement *de rotation de la terre* (sentiment aujourd'hui accrédité), ne peut, vu son accord avec les phénomènes, être réfuté par les seuls *principes astronomiques;* mais que cependant il peut l'être par les *principes de la philosophie naturelle* une fois bien établis (1). Enfin, nous voyons que l'art

―――――――――――――――

(1) Lorsque des raisonnemens paroissent ré-

de la *médecine*, lorsqu'il est privé du secours de la *philosophie naturelle*, ne l'emporte que de bien peu sur la routine des *empyriques*. Cela posé, venons à la *science de l'homme*. Elle se divise en deux espèces. Car elle considère l'*homme* ou comme *séparé* et *isolé*, ou comme *rassemblé* et vivant *en société*. Nous donnons, à l'une de ces deux parties, le nom de *philosophie de l'humanité*; et à l'autre, celui de *philosophie civile*. La philosophie de l'*humanité* se compose de parties toutes semblables à celles dont l'*homme* lui-même est composé; savoir : des sciences qui se rapportent au *corps*, et de celles qui se rapportent à l'*ame*.

Mais avant de suivre les distributions

---

futer un système qui est parfaitement d'accord avec les phénomènes, ne seroit-il pas plus naturel de douter de ces raisonnemens, que de ce système ? Car lorsqu'ils sont un peu composés, on n'est jamais certain de n'être pas la dupe de quelque fausse lueur, et d'y avoir fait entrer toutes les considérations nécessaires.

particulières, constituons une *science générale de la nature et de l'état de l'homme :* c'est une partie qui mérite bien d'être dégagée des autres parties de cette science, et de former un corps de science à part. Elle se compose de ces choses qui sont *communes au corps et à l'ame.* De plus, cette *science de la nature* et de *l'état de l'homme* peut se diviser en deux parties, en attribuant à l'une la *nature indivisible de l'homme,* à l'autre le *lien* même de *l'ame et du corps.* Nous appellons la première, *doctrine de l'homme individuel;* et la seconde, *doctrine de l'alliance.* Or, il est clair que toutes ces considérations étant communes au *corps et à l'ame,* et réciproques, elles ne doivent pas être assignées à cette première division en *sciences relatives au corps* et *sciences relatives à l'ame.*

La doctrine de *l'homme individu* se compose principalement de deux choses; savoir : la *contemplation* des *misères du genre humain,* et celle de ses *préroga-*

tives ou de sa *supériorité*. Or, quant à cette partie qui consiste à *déplorer les calamités humaines*, c'est un sujet qu'ont traité, avec autant d'élégance que de fécondité, un grand nombre d'écrivains, tant *philosophes* que *théologiens* (1), genre d'ouvrage tout-à-la-fois agréable et salutaire.

Mais celle qui traite des *prérogatives*, nous a paru mériter d'être rangée parmi les *choses à suppléer*. C'est sans doute avec son élégance ordinaire que *Pindare*, faisant l'éloge d'*Hiéron*, dit *qu'il cueilloit les sommités de toutes les vertus*. Quant à moi, je pense que ce ne sera pas peu faire pour la gloire du genre humain, et pour nourrir la grandeur d'âme, que de rassembler dans un livre ce que les scholastiques appellent les *ultimités*, et ce que Pindare nomme les

---

(1) Entr'autres Young dans ses *Nuits*, qui, suivant l'expression de M. Letourneur, sont la plus sublime élégie qu'on ait jamais composée sur ce sujet.

sommités de la nature humaine, en les tirant sur-tout du dépôt de *l'histoire :* je veux dire, en marquant le *dernier degré,* le *plus haut point* où ait jamais pu s'élever par elle-même la nature humaine, dans chacune des facultés du corps et de l'ame. Quelle prodigieuse facilité n'attribue-t-on pas à *Jules-César,* lorsqu'on nous dit qu'il *dictoit* à cinq secrétaires à la fois ? De plus, ces exercices des anciens rhéteurs, comme *Protagoras, Gorgias,* et même de certains philosophes, tels que *Callisthène, Possidonius, Carnéade,* exercices qui les mettoient en état de parler sur-le-champ avec autant d'élégance que de fécondité, sur quelque sujet que ce fût, en défendant le pour et le contre, ne donnent-ils pas la plus haute idée des *forces de l'esprit humain ?* Un autre genre de perfection, moins utile sans doute, mais plus imposant, et qui exige peut-être encore plus de talent, c'est ce que *Cicéron* rapporte d'*Archias,* son maître, *qu'il étoit en état de composer sur-le-champ un grand nombre de vers excellens sur les affaires du moment.* Que *Cyrus* ou *Scipion* aient pu retenir les noms de tant de milliers d'hommes, n'est-ce pas une preuve bien éclatante de ce que peut la *mémoire* humaine ? Mais les *vertus morales* ne se sont pas moins signalées que les *facultés intellectuelles.* Quel prodige de *fermeté* nous offre cette histoire si connue d'*Anaxarque,* qui, étant appliqué à la torture, coupa sa langue avec ses dents, cette langue qu'on vouloit forcer à parler, et la cracha au visage du tyran. Un autre exemple qui ne le cède pas à celui-là pour la *fermeté,* mais qui le cède beaucoup pour la *noblesse,* c'est celui d'un certain bourguignon de notre temps, assassin du *prince d'Orange:* cet homme, tandis qu'on le fouétoit avec des verges de fer, et qu'on le déchiroit avec des tenailles ardentes, ne poussa pas le moindre gémissement. Il fit plus : un fragment de je ne sais quoi, étant tombé par hazard sur la tête d'un des assistans, ce coquin, à demi-rôti et au milieu même des tourmens, se mit à rire, lui qui, un peu auparavant, au moment qu'on coupoit ses cheveux, qui étoient fort beaux, n'avoit pu s'empêcher de verser des larmes. Plusieurs personnages ont fait preuve aussi d'une admirable *sérénité* et *sécurité* d'ame, au moment de la mort. Telle fut celle de ce centurion dont parle *Tacite.* Comme le soldat qui avoit ordre de le faire mourir, lui recommandoit de tendre fortement le cou : *plaise à Dieu,* lui répondit-il, *que tu frappes aussi fortement!* Mais *Jean, duc de Saxe,* comme on lui apporta, au moment qu'il jouoit aux échecs, la sentence qui le condamnoit à la mort, et qui marquoit l'exécution pour le lendemain, appella un des spectateurs, et lui dit en souriant : *voyez, si ce n'est pas moi qui ai le meilleur jeu,* car je ne serai pas plutôt mort, que celui-ci (en montrant son adversaire) *prétendra que sa partie étoit la meilleure.* Quant à *Morus,* notre compatriote, et chancelier d'Angleterre, la veille du jour qu'il devoit être exécuté, voyant paroître un barbier qu'on avoit envoyé pour lui raser la tête, de peur que sa longue chevelure ne lui donnât un air plus propre à exciter la compassion du peuple, ce barbier lui demandant s'il ne vouloit pas se faire raser : non, lui répondit-il ; *j'ai un procès avec le roi, au sujet de ma tête, et jusqu'à ce qu'il soit terminé, je ne veux pas faire de dépense pour elle.* Ce même personnage, à l'instant même de recevoir le coup mortel, et ayant déjà posé sa tête sur le fatal billot, la releva un peu, et rangeant doucement sa barbe : *celle-ci,* dit-il, *n'a certainement pas offensé le roi.* Mais nous n'avons pas besoin de nous étendre sur ce sujet, l'on voit assez ce que nous avons en vue ; nous souhaitons qu'on rassemble, dans un ouvrage de quelques volumes, les *miracles de la nature humaine,* des exemples *du plus haut degré de force et de faculté,* soit de l'ame, soit du corps; ouvrage qui sera comme les fastes des triomphes humains ; et c'est en quoi nous approuvons fort le dessein de *Valère Maxime* et de *Pline*, mais en regrettant toutefois l'exactitude et le jugement qui leur a manqué.

Quant à la *doctrine de l'alliance et du lien commun* de l'ame et du *corps*, elle peut se diviser en deux parties ; car, de même qu'entre des confédérés, il existe une communication réciproque de leurs moyens, et des offices mutuels, de même aussi cette alliance du corps et de l'ame comprend deux points, lesquels consistent à faire voir *comment ces deux choses, l'ame et le corps, se découvrent réciproquement, et comment elles agissent l'une sur l'autre;* savoir, par la *connoissance* ou l'*indication*, et par l'*impression* : la première, où il s'agit de montrer comment on peut connoître l'ame par les dispositions du corps, et les dispositions du corps d'après les dispositions accidentelles de l'ame ; cette partie a enfanté deux arts, qui tous deux ont pour objet les *prédictions*. L'une a été honorée des recherches d'*Aristote*; l'autre, de celles d'*Hippocrate*. Or, quoique, dans ces derniers temps, ces deux arts aient été infectés de notions superstitieuses et phantastiques, néanmoins étant bien épurés et totalement *restaurés*, ils ont, dans la nature, un fondement très solide, et sont d'une grande utilité dans la vie commune. Le premier est la *physiognomonie*, qui, par les linéamens du corps, indique les propensions de l'ame; l'autre est l'*interprétation des songes naturels*, qui décèlent l'état et la disposition du corps par les agitations de l'ame. J'apperçois dans la première telle partie qui *est à suppléer*, vu qu'*Aristote* a traité avec beaucoup de pénétration et de sagacité, tout ce qui regarde la conformation extérieure du corps, considéré dans l'état de *repos*; quant à ce qui regarde ses *mouvemens*, c'est-à-dire les *gestes*, il n'en dit mot (1), quoique

---

(1) Bacon manque ici de mémoire ; car cette partie même est peut-être celle qu'Aristote a le mieux traitée, quoique *sommairement*. Mais ce

ces mouvemens ne soient pas moins soumis aux observations de l'art, et soient d'un plus grand usage. En effet, les *linéamens* du corps indiquent bien les propensions générales de l'ame; mais les mouvemens du visage et des autres parties, les gestes, en un mot, indiquent de plus les côtés accessibles, les momens de facilité, et, pour tout dire, les signes de la disposition et de la volonté actuelle.

Et pour employer l'expression aussi élégante que juste de Votre Majesté: *la langue frappe les oreilles, mais le geste parle aux yeux.* C'est ce que n'ignorent pas certains matois et hommes rusés, dont les yeux sont, pour ainsi dire, toujours cloués sur le visage et les gestes des autres, qui savent bien se prévaloir de ces observations; car c'est en cela même

---

qu'il a oublié, c'est de parler *des causes*; de nous dire *pourquoi* et *comment* telle espèce et tel degré de signe indique telle espèce et telle mesure de qualités morales et de facultés intellectuelles. Nous avons tâché d'y suppléer dans la *Méchanique morale*, liv. IV.

que consiste la plus grande partie de leur prudence et de leur adresse ; l'on ne peut disconvenir que cela même ne soit dans un autre un indice mystérieux de dissimulation, et ne nous donne un utile avertissement par rapport au choix des momens et des occasions d'aborder les personnes, ce qui n'est pas la moindre partie de l'usage du monde ; mais qu'on n'aille pas s'imaginer que ce genre d'habileté n'ait de prix que par rapport aux individus, et qu'il ne soit pas susceptible d'être ramené à des règles ; car nous rions, nous pleurons, nous rougissons et fronçons le sourcil, tous à-peu-près de la même manière ; et le plus souvent il en est de même des mouvemens plus fins. Que si quelqu'un pensoit ici à la *chiromancie*, qu'il sache que ce n'est qu'une science chimérique, et qui ne mérite pas d'être nommée dans un ouvrage tel que celui-ci. Quant à ce qui regarde l'interprétation des *songes* naturels, c'est un sujet que plusieurs écrivains ont traité ; mais leurs ouvrages fourmillent d'inepties. Je me contenterai d'observer qu'on n'a pas pensé à faire porter cette théorie sur la base la plus solide. Voici cette base : *lorsque les effets produits par la cause intérieure, sont semblables à ceux que produiroit la cause extérieure, on rêve à l'acte extérieur qui produit ou accompagne ordinairement la disposition physique produite par cette cause intérieure* (1).

---

(1) A ce principe, il en faut ajouter un autre non moins nécessaire, et qui d'ailleurs sert à l'expliquer : c'est celui de l'*association des idées avec certaines dispositions du corps : lorsque le corps étant disposé d'une certaine manière, nous avons eu fréquemment certaines idées, toujours à-peu-près les mêmes ; si ensuite le corps vient à se retrouver dans la même disposition, nous avons alors, non pas toujours précisément les mêmes idées* que dans les autres temps où il étoit ainsi disposé, mais simplement une *disposition à les avoir*, sur-tout en *songe*. Je dis une simple *disposition* ; car il se peut qu'une autre cause plus puissante que celle-là, venant à la combattre, la réitération de ces idées n'ait pas lieu. On peut consulter Hippocrate, qui a laissé un petit traité sur ce sujet.

Par exemple, cette oppression qu'occasionne dans l'estomac une vapeur épaisse, ressemble à l'effet d'un poids qui seroit appuyé sur cette partie. Aussi ceux qui ont le *cochemar*, rêvent-ils qu'un poids énorme les écrase ; à quoi se joignent une infinité de circonstances analogues à cette illusion. Ces nausées qu'excite l'agitation des flots lorsqu'on est sur mer, ont quelque analogie avec celles qu'occasionnent les flatuosités logées dans les intestins. Les hypocondriaques rêvent souvent qu'ils sont sur la mer, et qu'ils sont portés çà et là. Il est une infinité d'autres exemples de ce que nous disons ici.

La dernière partie de la *doctrine de l'alliance*, à laquelle nous avons donné le nom d'*impression*, n'a pas encore été réduite en art ; on s'est contenté de la toucher quelquefois en passant, et dans des traités sur d'autres sujets. Cette partie a comme la première, sa réciproque; car elle considère, *ou comment et jusqu'à quel point les humeurs et le tem-*

pérament du corps modifient l'ame, et agissent sur elle : ou réciproquement, *comment et jusqu'à quel point les passions et les perceptions de l'ame modifient le corps et agissent sur lui.* Nous voyons que, dans la médecine, la première de ces deux parties est traitée ; mais c'est un sujet dont les religions se sont mêlées à un point surprenant ; car les médecins prescrivent des remèdes pour les maladies de l'ame : par exemple, pour la manie et la mélancholie. Ils en donnent aussi pour égayer l'ame, pour fortifier le cœur, et augmenter le courage par ce moyen, pour aiguiser l'esprit, pour fortifier la mémoire, et pour d'autres fins semblables. Mais les diètes et les choix d'alimens, tant liquides que solides, les ablutions et les autres observances relatives au corps, qu'on trouve prescrites dans la secte des Pythagoriciens, dans l'hérésie des Manichéens, et dans la loi de Mahomet (1), excèdent

---

(1) On voit qu'il passe à dessein les rits minu-

toute mesure. Ces ordonnances de la loi cérémonielle, qui défendoient l'usage de la *graisse* et du *sang*, et qui distinguoient avec tant de soin les animaux *mondes* des *immondes* (du moins à titre d'alimens), étoient en grand nombre et formelles. Il y a plus : le christianisme, qui est dégagé du nuage des cérémonies, et qui jouit d'une plus grande sérénité, retient pourtant l'usage des jeûnes, des abstinences et autres observances, qui toutes ont pour but la macération et l'humiliation du corps ; et ces observances-là, il ne les regarde pas comme de simples *rits*, mais de plus comme des *pratiques utiles*.

---

tieux de la loi de Moyse; petites pratiques qui étoient comme autant de chaînes par lesquelles il attachoit à sa loi ce peuple d'esclaves, et les livroit aux prêtres. Car une des principales causes du malheur de l'homme en société, c'est qu'*il attache son bonheur à sa gloire, et sa gloire à ce qui le tourmente* : il n'oseroit être obscurément heureux, et seroit tout honteux d'un bonheur trop facile. Il méprise ceux qui adoucissent ses maux, et respecte ceux qui les multiplient.

Or, la racine de tous ces préceptes, outre le rit et l'exercice de l'obéissance, consiste en cela même dont nous parlons ici, en ce que l'ame est affectée comme le corps. Que si quelque esprit foible alloit s'imaginer que ces observations, relatives aux impressions du corps sur l'ame, tendent à révoquer en doute l'immortalité de l'ame, ou dérogent à cet empire que l'ame doit exercer sur le corps, à un doute frivole suffira une réponse de même espèce. S'il veut des exemples, qu'il considère l'enfant dans le sein de sa mère, lequel sympathise avec celle qui le porte, par les affections qui leur sont communes, et ne laisse pas d'éclorre dans son temps ; ou bien les monarques qui, tout puissans qu'ils sont, ne laissent pas de se laisser quelquefois fléchir par les efforts de leurs sujets, sans atteinte pourtant à la royale majesté.

Quant à la partie réciproque, qui a pour objet l'*action* de l'ame et de ses affections sur le corps, elle a aussi trouvé place dans la médecine ; il n'est point de médecin un peu versé, qui ne considère et ne modifie les dispositions accidentelles de l'ame, les regardant comme un objet très digne de considération dans le traitement, et comme pouvant ou aider l'action des remèdes, ou en empêcher l'effet. Mais une autre question qui a ici sa place, et dont on ne s'est guère occupé, ou du moins pas en raison de son utilité et de sa difficulté, c'est de savoir jusqu'à quel point, abstraction faite des affections, *l'imagination même de l'ame, une pensée,* dis-je, *très fixe, et exaltée au point de devenir une sorte de foi, peut modifier le corps de celui qui imagine;* car, quoiqu'une telle pensée ait manifestement le pouvoir de *nuire,* il ne s'ensuit nullement qu'elle ait au même degré celui d'être *utile;* pas plus certainement que si, de ce qu'il est tel air pestilentiel qui peut tuer sur-le-champ, on en concluoit qu'il est aussi d'autres espèces d'air qui peuvent guérir subitement un malade, et le remettre aussi-tôt sur pied. Cette recherche seroit sans doute d'une éminente utilité ; mais, comme dit *Socrate*, il nous faudroit ici un *plongeur de Délos*, car elle est plongée bien avant. De plus, parmi ces doctrines de l'alliance ou de l'action réciproque *du corps et de l'ame*, il n'en est point qui fût plus nécessaire que celle qui a pour objet la détermination des *siéges ou domiciles assignés aux diverses facultés de l'ame dans le corps et ses organes.* Ce genre de science, il s'est trouvé assez d'écrivains qui l'ont cultivé ; mais ce qu'ils ont dit sur ce sujet, est contesté, ou manque de profondeur. Ainsi, cette recherche exigeroit plus d'application et de sagacité ; car cette opinion avancée par *Platon*, qui place l'*entendement* dans le *cerveau* comme dans une citadelle ; le *courage* (qu'il confond assez mal-à-propos avec l'*irascibilité*, quoiqu'il approche plus de l'*enflure* et de l'*orgueil*) dans le *cœur*; et la *concupiscence*, la *sensualité*, dans le *foie* ; cette opinion, dis-je, il ne faut ni la mépriser tout-à-fait, ni se hâter de l'adopter. Enfin, cette autre opinion qui place les trois facultés intellectuelles ; savoir : l'*imagination*, la *raison* et la *mémoire*, dans les *ventricules* du *cerveau*, n'est pas non plus exempte d'erreur. Nous avons désormais expliqué la *doctrine de l'homme individu*, et celle de *l'alliance de l'ame et du corps*.

CHAPITRE II.

Division de la doctrine qui a pour objet le corps humain, en médecine et en science de la volupté. Division de la médecine en trois fonctions; savoir: conservation de la santé, guérison des maladies, et prolongation de la vie: que la dernière partie, qui traite de la prolongation de la vie, doit être séparée des deux autres.

LA *doctrine* qui a pour objet le *corps humain*, reçoit la même division que les *biens du corps même* qu'elle est destinée à servir. Or, les biens du corps sont de quatre espèces : *santé, beauté* ou *agrémens* de la personne, *force*, et *volupté*; auxquelles répondent autant de sciences, *médecine, cosmétique, athlétique* et *science de la volupté*, que Tacite appelloit un *luxe savant*.

L'art de la *médecine* est des plus nobles, et rien de plus illustre que son origine, si nous en croyons les poëtes. Ils ont représenté *Apollon* comme le premier dieu de la médecine, lui donnant pour fils *Esculape*, dieu aussi et médecin de profession. Car, si, d'un côté, le soleil, parmi les corps naturels, est l'auteur, la source de la vie; de l'autre, le médecin en est le conservateur, et, en quelque manière, la seconde source. Mais ce qui donne encore plus de relief à la médecine, ce sont les œuvres du Sauveur, qui fut médecin du *corps et de l'ame*; et comme il fit de l'ame l'objet de sa céleste doctrine, il constitua aussi le corps humain comme l'objet propre de ses miracles. Car nous ne lisons nulle part qu'il ait fait aucun miracle relativement aux honneurs, à l'argent (à l'exception de celui qu'il fit pour payer le tribut à César); mais seulement par rapport au corps humain, soit pour le conserver, soit pour le substanter, soit pour le guérir.

Ce sujet de la *médecine*, je veux dire le *corps humain*, est, de tous ceux que la nature a formés, le plus susceptible de remèdes; mais, d'un autre côté, l'art d'administrer ces remèdes est de tous les arts le plus sujet à l'erreur. Car cette délicatesse, et cette variété même du sujet, qui ouvre à l'art de guérir un si vaste champ, fait qu'il est facile de s'y égarer. Ainsi, comme cet art, du moins à la manière dont on le traite aujourd'hui, est regardé comme très conjectural; l'étude n'en est, par cela même, que plus difficile, et n'en exige que plus d'application. Mais nous n'irons pas pour cela extravaguer avec *Paracelse* (1) et les *Al-*

---

(1) Ce Paracelse est un de ces fous cités plus haut,

chymistes, au point de croire qu'on trouve dans le corps humain des choses qui répondent aux diverses espèces dispersées dans l'immensité des choses ; par exemple, aux *étoiles,* aux *minéraux,* comme ils l'ont imaginé ; traduisant grossièrement cette expression emblématique des anciens : *que l'homme est un microscosme,* ou un abrégé du monde entier, et l'ajustant à leur chimérique opinion. Mais enfin cette opinion même revient à ce que nous avons commencé à dire : que

---

qui apperçoivent de grandes vérités, mais qui, à force de les exagérer, en font des erreurs et les décréditent. L'observation, d'accord avec le raisonnement, prouve qu'il entre et du feu et des matières minérales dans la composition du corps humain. La raison dit que ces deux espèces de substances doivent être en plus grande quantité dans certaines parties que dans d'autres, et que ces parties doivent avoir une action analogue et proportionnée à cette surabondance de matière ignée ou minérale ; en ce sens, les unes répondroient aux étoiles, et les autres aux minéraux, du moins relativement.

parmi les corps naturels, il n'en est point
de plus composé et de plus mélangé que
le *corps humain*. Car nous voyons que
les herbes et les plantes se nourrissent de
terre et d'eau; les animaux, d'herbes et
de fruits; l'homme, de la chair des animaux (quadrupèdes, oiseaux, poissons)
et même d'herbes, de graines, de fruits,
de sucs et de liqueurs de toute espèce; à
quoi il faut ajouter ce nombre infini d'espèces d'assaisonnemens et de prépara-
tions que subissent tous ces corps, avant
de lui servir d'alimens. Ajoutez encore
que la manière de vivre des animaux est
plus simple; et que, chez eux, ces affections qui agissent sur le corps, sont
en plus petit nombre et agissent d'une
manière presque uniforme. Au lieu que
l'homme, par l'effet du changement de
lieu, d'exercices, d'affections, par la
vicissitude du sommeil et de la veille,
éprouve un nombre infini de variations.
Tant il est vrai que, de toutes les substances, la masse du corps humain est la
plus fermentée et la plus mélangée. Mais

l'ame, au contraire, est la plus simple de toutes les substances. Et c'est ce qu'a fort bien exprimé ce poëte qui a dit : *Et il laissa cette substance éthérée, simple et pure, qui est douée du sentiment.*

Il n'est donc pas étonnant que l'ame ainsi logée ne trouve point de repos, suivant l'axiôme qui dit : *que le mouvement des choses placées hors de leur lieu, est rapide; et paisible, lorsqu'elles sont dans ce lieu.* Cette composition et cette structure si délicate et si variée du *corps humain*, en a fait une sorte d'instrument de musique d'un travail difficile et exquis, et qui perd aisément son harmonie. Ainsi, c'est avec beaucoup de raison que les poëtes réunissent, dans *Apollon*, l'art de la *musique* et celui de la *médecine*; attendu que le génie de ces deux arts est presque semblable, et que l'office du médecin consiste proprement *à monter et à toucher la lyre du corps humain, de manière qu'elle ne rende que des sons doux et harmonieux.* Disons donc enfin que l'inconstance et la variation de ce sujet n'en a rendu l'art que plus conjectural. Et c'est par cela même que cet art est conjectural, qu'il a ouvert un si vaste champ, non-seulement à l'*erreur*, mais même à l'*imposture*. Car, lorsqu'il s'agit des autres arts, on en juge par le talent et les fonctions qui leur sont propres ; et non par les résultats et les succès. Par exemple, l'on juge de l'habileté d'un *avocat*, par le *talent* même dont il fait preuve dans la composition et le débit ; non par l'issue du procès. De même un pilote fait ses preuves par l'adresse avec laquelle il manie le gouvernail ; et non par le succès de l'expédition. Au lieu que le *médecin*, et peut-être aussi le *politique*, ont à peine un petit nombre d'actions qui leur soient propres, et à l'aide desquelles ils puissent donner une preuve bien claire de leur talent et de leur habileté (1). Mais c'est presque toujours à l'évé-

---

(1) Ils ont les pronostics qui de tous les genres de preuves sont les meilleurs. Le médecin, ou le politique, dont les pronostics sont presque tou-

nement qu'ils doivent les honneurs qu'on leur rend, ou l'infamie dont on les couvre; manière de juger tout-à-fait inique.

Car au fond, qui sait, lorsque le malade meurt ou se rétablit, lorsque la république prospère ou décline, si c'est un effet du hazard ou de la marche qu'on a suivie? Aussi n'arrive-t-il que trop souvent qu'un imposteur remporte la palme, tandis que la vertu ne recueille que le blâme. Disons plus : telle est la foiblesse et la crédulité humaine, que trop souvent

---

jours justes; dont les prédictions sont, par exemple, neuf fois sur dix, confirmées par l'événement, donne une preuve fort claire de son talent et de sa capacité : ce qui suppose toutefois que le premier n'emploiera pas la prophétie même pour produire l'événement, comme cela n'est que trop facile; car, comme nous le disions plus haut, combien d'événemens il suffit de prédire pour qu'ils aient lieu : or, ce que nous disons des prédictions, il faut le dire aussi des mesures employées et des remèdes administrés. Mais où la condition de l'un et de l'autre est malheureuse, c'est lorsqu'ils conseillent un sacrifice actuel, dont les avantages sont assurés et durables, mais éloignés.

l'on préfère la première donneuse de recettes et le premier charlatan, au plus savant médecin. Aussi les poëtes ont-ils prouvé qu'ils avoient des yeux, et fait preuve d'une grande pénétration, lorsqu'ils ont donné pour sœur à *Esculape* l'enchanteresse *Circé*, en supposant que l'un et l'autre étoient *enfans du soleil*. C'est ce qu'on voit dans ces vers sur *Esculape*, fils de *Phébus :*

Ce fut lui qui frappa de la foudre l'inventeur de ce grand art, le fils de Phébus, et le précipita dans les eaux du Styx.

Et par ces autres vers sur *Circé*, fille du *soleil :*

Où l'opulente fille du soleil, dans des bois inaccessibles à la foible lueur des astres de la nuit, brille le cèdre odoriférant.

Car c'est dans tous les temps qu'on voit, du moins quant à l'opinion vulgaire et à la renommée, les charlatans, les vieilles, les imposteurs, rivaliser, en quelque manière, avec les médecins, et lutter avec eux pour la célébrité des cures. Mais qu'en arrive-t-il? Que les médecins se disent à eux-mêmes ce que Salomon se disoit aussi, mais sur un sujet plus grave : *Si le succès de l'insensé et le mien sont absolument les mêmes, à quoi m'aura servi de m'être appliqué davantage à la sagesse?* Quant à moi, je veux moins de mal aux médecins, quand je les vois s'adonner à quelqu'autre genre d'étude dans lequel ils se complaisent, plus que dans l'art même qu'ils professent. Car vous trouverez parmi eux des poëtes, des antiquaires, des critiques, des rhéteurs, des politiques, des théologiens, et plus versés dans ces arts-là, que dans leur profession même; et ce n'est pas, je pense, parce qu'ayant continuellement sous les yeux des objets tristes et dégoûtans, ils ont besoin de s'en distraire par d'autres occupations, comme le leur a objecté je ne sais quel déclamateur contre les sciences; mais ceux d'entr'eux qui sont hommes, croient *que rien d'humain ne leur est étranger;* mais par cette raison-là même dont nous parlons ici, parce qu'ils pensent qu'il importe peu à leur réputation et à leur fortune qu'ils restent, dans leur art, au degré de la médiocrité, ou qu'ils s'élèvent au plus haut point de perfection. Car l'ennui d'être malade, l'amour de la vie, les illusions de l'espérance, la recommandation de leurs amis, font que les hommes ne donnent que trop aisément leur confiance à des médecins, quels qu'ils puissent être. Mais, si l'on y fait plus d'attention, l'on trouvera que cette raison-là même tend plus à inculper les médecins, qu'à les excuser. Eh pourquoi aussi perdent-ils sitôt l'espérance, et n'ont-ils pas le courage de redoubler d'efforts? Car, si l'on daignoit s'éveiller un peu pour observer, pour regarder peu-à-peu autour de soi, l'on verroit aisément, d'après des exemples fréquens et familiers, combien est grand l'empire que la *pénétration* et la *subtilité d'entendement* peut exercer sur la *variété*, soit de la *matière*, soit de la *forme* des *choses*. Rien n'est plus varié que les visages; cependant la mémoire en retient toutes les différences. Il y a plus : un peintre, à l'aide de quelques petites coquilles de couleurs, de la justesse de son coup d'œil, de la force de son imagination, et de la sûreté de sa main, seroit en état d'imiter, avec son pinceau, les visages de tous les hommes qui existent, de ceux qui ont existé, et même de ceux qui existeront, s'ils étoient là. Rien de plus varié certainement que la voix humaine, et cependant nous en discernons toutes les différences dans les divers individus. Bien plus : il est des bouffons et des pantomimes qui savent imiter la voix de qui il leur plaît, et la copier, au point qu'on les croiroit présens. Rien de plus varié que les sons articulés, je veux dire, les mots ; on a pourtant trouvé le moyen de les réduire au petit nombre des lettres de l'alphabet. Convenons donc une fois que, si l'on voit tant de doute et d'incertitude dans les sciences, ce n'est pas que l'esprit humain manque de pénétration et d'étendue ; c'est plutôt parce que l'objet est placé trop loin de sa vue. Car, de même que le *sens*, lorsqu'il est fort éloigné de l'objet, se trompe le plus souvent; et qu'au contraire, lorsqu'il s'en approche suffisamment, il ne se fait plus illusion, il en est de même de l'entendement. Or, les hommes sont dans l'habitude de contempler la nature comme d'une tour élevée, et de s'attacher trop aux généralités. Que s'ils daignoient descendre de là, s'abaisser aux faits particuliers, considérer les choses mêmes avec plus d'attention et de constance; ce seroit alors qu'ils acquerroient des connoissances plus réelles et plus utiles. Ainsi le remède à cet inconvénient n'est pas seulement d'aiguiser l'organe même, ou de le fortifier; mais c'est aussi de l'approcher davantage de l'objet. Il n'est donc pas douteux que, si les médecins, abandonnant un peu ces généralités, alloient au-devant de la nature, ils parviendroient à ce degré de sûreté que le poëte exprime ainsi :

Les maladies varient; eh bien! nous varierons nos méthodes de traitement;

à *mille espèces de maux, nous opposerons mille espèces de remèdes.*

Ce à quoi ils sont d'autant plus obligés, que cés philosophies mêmes sur lesquelles se fondent les médecins, soit *méthodistes*, soit *chymistes* (car toute médecine qui n'est pas fondée sur la philosophie, est quelque chose de bien foible); que ces philosophies, dis-je, ne sont pas d'un grand prix. Si donc les principes trop généraux (en supposant même qu'ils soient vrais) ont l'inconvénient de ne pas conduire assez sûrement à la pratique, que sera-ce de ces autres généralités qui sont fausses en elles-mêmes, et qui, au lieu de *conduire, séduisent?*

Ainsi la médecine, comme nous nous en sommes assurés, est tellement constituée, qu'on peut dire qu'on l'a plus traitée que cultivée, et plus cultivée qu'augmentée; attendu que le résultat de tous les travaux dont elle a été l'objet, a été plutôt de tourner dans un cercle, que de faire des pas en avant. Car j'y vois assez de *répétitions;* mais j'y vois peu de véritables *additions*. Nous la diviserons en trois parties, que nous appellerons ses trois *offices* : la première est la *conservation de la santé;* la seconde est la *guérison des maladies;* la troisième, la *prolongation de la vie*. Et cette dernière, les médecins ne paroissent pas l'avoir regardée comme une des parties essentielles de leur art; mais l'avoir mêlée assez mal à propos avec les deux autres. Car ils s'imaginent que, s'ils pouvoient prévenir les maladies, ou les guérir, la prolongation de la vie s'ensuivroit nécessairement. C'est ce qui n'est nullement douteux; cependant ils n'ont pas la vue assez fine pour voir que l'un et l'autre de ces deux offices ne se rapportent proprement qu'aux maladies et à cette *prolongation* de la vie à laquelle elles font obstacle. Ainsi alonger le fil de la vie, et éloigner cette mort qui vient à pas lents, et qui a pour cause la simple *dissolution* et l'*atrophie* (1) de la *vieillesse*, c'est

---

(1) État d'un corps ou d'un membre qui ne prend plus de nourriture, ou n'en prend plus assez.

un sujet qu'aucun médecin n'a traité d'une manière qui répondît à son importance. Et il ne faut pas se laisser ici arrêter par un vain scrupule, et s'imaginer que notre dessein est de rappeller à l'office et à la juridiction de l'art, ce qui est commis au destin et à la divine providence. Car il n'est pas douteux que la providence ne dispose également de toute espèce de mort, soit violente, soit occasionnée par les maladies, soit enfin de celle qui est le simple effet de l'âge. Mais cela n'empêche pas qu'il ne soit permis d'user, à cet égard, de préservatifs et de remèdes. Or, l'art et l'industrie ne pouvant commander au destin et à la nature, ils ne peuvent que les aider, en leur obéissant. Mais c'est ce dont nous parlerons ci-après. Il nous suffira d'avertir ici d'avance de ne pas confondre mal à propos ce troisième office de la médecine avec les deux premiers, et c'est ce qu'on a toujours fait jusqu'ici.

Quant à l'*office*, qui a pour objet la *conservation de la santé*, ce qui est le premier de ces deux offices dont nous avons parlé d'abord, ce grand nombre d'auteurs qui ont écrit sur ce sujet, l'ont fait, à plusieurs égards, avec bien peu d'intelligence, mais sur-tout en donnant *trop* à la *qualité* des alimens, et *trop peu* à la *quantité*. Bien plus, lorsqu'il est question de la *quantité*, semblables à autant de *moralistes*, ils ont trop vanté la médiocrité, attendu que les jeûnes tournés en habitude, et un régime plus plein, une fois qu'on y est accoutumé, conservent plus sûrement la santé que tous ces *milieux* si vantés, dont l'effet est presque toujours de rendre la nature paresseuse et incapable de supporter au besoin, soit l'*excès*, soit le *défaut*. Quant aux différentes espèces d'exercices qui contribuent le plus à conserver la santé, aucun médecin ne les a encore suffisamment distingués et spécifiés ; quoiqu'il n'y ait presque point de disposition à quelque maladie, qui ne puisse être corrigée par certains exercices bien appropriés. Le jeu de boules est bon pour les maladies des reins; l'exercice de l'arc, pour celles du poumon; la promenade, soit à pied, soit celle où l'on se fait porter, pour la foiblesse d'estomac; et d'autres exercices, pour d'autres maladies : mais cette partie qui traite de la *conservation de la santé*, ayant été traitée en son entier, il n'entre pas dans notre plan d'en noter en détail les moindres défauts.

Quant à ce qui regarde la *guérison des maladies*, c'est la partie de la médecine dont on s'est le plus laborieusement occupé, mais avec assez peu de fruit. Elle renferme la doctrine sur ces maladies auxquelles le corps humain est le plus sujet, en y joignant leurs *causes*, leurs *symptômes* et leurs *remèdes*. Il est, dans ce second office de la médecine, bien des choses *à suppléer*. Je n'en indiquerai qu'un petit nombre des plus remarquables, et ce sera assez d'une simple énumération, sans nous astreindre à aucun ordre ou à aucune méthode marquée.

La première *omission*, c'est de n'avoir

pas continué ce travail, si utile et si exact d'*Hippocrate*, qui avoit soin d'écrire une relation circonstanciée de tout ce qui arrivoit aux malades, en spécifiant quelle avoit été la nature de la maladie, quel le traitement, quelle l'issue. Or, ayant sous la main un exemple si bien approprié et si distingué dans un personnage qui a passé pour le père de l'art, il n'est nullement besoin de chercher des exemples au dehors, et d'en emprunter des autres arts ; par exemple, de la prudence des jurisconsultes qui ont grand soin de conserver par écrit la mémoire des cas les plus célèbres, et des décisions nouvelles, afin d'être mieux munis et mieux préparés pour les autres cas qui peuvent survenir : je dis donc que cette *continuation des narrations médicinales*, sur-tout de narrations rédigées en un seul corps, et digérées avec tout le soin et le jugement requis, est un ouvrage qui nous manque ; mais notre idée n'est pas qu'on donne à cette collection assez d'étendue pour y faire entrer les observations familières et triviales, ce qui seroit sans fin, et n'iroit pas au but; ni assez peu pour ne tenir compte que des faits les plus étonnans et les plus frappans, comme l'ont fait certains auteurs. Car, bien des choses nouvelles, quant à la manière dont elles arrivent et à leurs circonstances, n'ont pourtant, quant à leur genre, rien de nouveau. Mais il n'est point d'observateur un peu attentif, qui, dans les faits les plus communs, ne trouve bien des choses qui méritent d'être observées.

De même, dans les recherches *anatomiques*, il arrive le plus souvent que ce qui convient *au corps humain en général*, on l'observe avec la plus grande attention, se jetant, même sur ce sujet, dans les plus minutieux détails. Mais s'agit-il des *différences* qui se trouvent dans les *corps divers*, alors l'exactitude des médecins est en défaut. Ainsi, tout en assurant que l'*anatomie simple* a été amplement traitée, nous décidons que l'*anatomie comparée* est à *suppléer*. Ce n'est pas qu'on n'observe assez bien les différentes parties, leurs *degrés* de *consistance*, leur *figure*, leurs *situations*. Mais parlons-nous des *différences qui existent dans les divers sujets, quant à la configuration et à l'état de ces parties*, voilà ce qu'on n'observe point ; et voici quelle est, selon nous, la cause de cette omission. Pour les recherches de la première espèce, c'est assez de l'observation d'un ou de deux *sujets anatomiques*. Mais pour celles de la seconde espèce (qui sont *comparatives*, et où il entre beaucoup de hazard), il faut un grand nombre de dissections et d'observations faites avec beaucoup d'attention et de sagacité. Les premières sont aussi, pour les savans, un moyen de se faire valoir dans leurs leçons et devant un nombreux auditoire. Mais le premier genre de connoissances ne peut être le fruit que d'une longue et silencieuse expérience. Au reste, il est hors de doute que la figure et la structure des parties internes le cède de fort peu, pour la variété et la différence des linéamens, à celle des parties externes; que les cœurs, les foies et les ventricules sont susceptibles d'autant de différences, dans les divers individus, que les fronts, les nez et les oreilles. Or, c'est dans ces différences mêmes que consistent trop souvent les *causes continues* d'une infinité de maladies; et c'est faute de cette considération, que les médecins accusent quelquefois les humeurs, quoiqu'elles ne soient nullement peccantes, et que le mal doive être imputé au seul méchanisme de certaines parties. Dans les maladies de cette espèce, c'est perdre ses peines que d'employer des remèdes *altérans* (attendu qu'il n'est point là question d'*altération*); mais il faut se contenter de corriger le vice, d'adoucir le mal, ou de le pallier à l'aide du régime convenable et de remèdes habituels. C'est encore à l'*anatomie comparée* qu'appartiennent des observations exactes, tant sur les *humeurs de toute espèce*, que sur les *traces* et les *impressions* que *laissent les maladies* dans les divers corps soumis aux dissections. Car ces *humeurs*, dans les sujets *anatomiques*, on les laisse de côté, les regardant comme des espèces d'immondices, comme des objets de dégoût. Cependant il seroit sur-tout nécessaire d'observer le *nombre*, la *nature* et les *qualités* des différentes espèces d'*humeurs* qui se trouvent dans le corps humain, en ne donnant pas trop, sur ce point, aux divisions reçues; et de déterminer dans quels *réservoirs*, dans quels *départemens* elles fixent ordinairement leur résidence; et enfin, de déterminer dans le plus grand détail, en quoi elles sont utiles ou nuisibles, et autres choses semblables. Il faudroit de même observer avec soin, dans les *divers sujets d'anatomie*, les *vestiges* et les *impressions* des *maladies*, les *lésions* et les *désordres qu'elles ont occasionnés* dans *les parties internes*, comme *aposthumes, ulcères, solutions de continuité, putréfactions, corrosions, consomptions*: et de plus, les *extensions, contractions, convulsions, luxations*, ou *dislocations, obstructions, réplétions, tumeurs*, sans oublier toutes les espèces de substances *praeter-naturelles*, qu'on trouve dans le corps humain, comme *calculs*, *carnosités*, *tubérosités*, *vers*; toutes ces choses, dis-je, il faut les observer avec le plus grand soin, à l'aide de ce que nous appellons l'*anatomie comparée*, et des observations réunies d'un grand nombre de médecins, ne former qu'un seul corps. Mais cette *diversité d'accidens*, dans les différens *sujets anatomiques*, est une matière qu'on traite superficiellement, ou qu'on néglige tout-à-fait.

Quant à cette autre *omission*, qu'on peut relever dans l'*anatomie*, et qui consiste en ce qu'on n'est pas dans l'usage de *disséquer des corps vivans*, qu'en pouvons-nous dire? c'est quelque chose d'odieux et de barbare, et que Celse a justement condamné. Mais il n'en est pas moins vrai (et c'est ce que les anciens avoient aussi observé) qu'il est une infinité de pores, de *méatus*, d'ouvertures des plus déliées, qui ne paroissent point dans les dissections; vu que, dans les cadavres, elles sont fermées ou masquées : au lieu que, dans le vivant, elles sont dilatées et peuvent être rendues visibles. Ainsi, afin de pourvoir à l'utilité, en respectant les droits de l'humanité, je dis que, sans rejeter tout-à-fait l'*anatomie du vivant*, ni se rabattre sur les observations que le hazard peut offrir aux chirurgiens (comme le fait Celse), l'on peut fort bien remplir cet objet par les dissections d'animaux vivans, lesquels, nonobstant les différences qu'on observe entre leurs parties et celles de l'homme, peuvent, à l'aide d'un certain discernement, suffire pour ces recherches.

De même, dans cette autre recherche qui a pour objet les *maladies*, il en est qu'ils déclarent *incurables*; les unes, dès le commencement de l'attaque; les autres, après une certaine période révolue. Ensorte que les proscriptions de Sylla et des Triumvirs n'étoient rien auprès de celles des médecins, qui, par leurs très iniques arrêts, dévouent à la mort un si grand nombre d'hommes, dont la plupart, en dépit des docteurs, échapperoient plus aisément que ne le firent autrefois ces proscrits de Rome.

Je ne balancerai donc pas à ranger parmi les choses *à suppléer,* un ouvrage sur la *cure des maladies* réputées *incurables;* afin d'évoquer, en quelque manière, des médecins distingués et d'une ame élevée, et de les exciter à entreprendre sérieusement cet ouvrage, autant que le comporte la nature des choses. Car *déclarer incurables* ces *maladies,* cela même est sanctionner, par une sorte de loi, la négligence et l'incurie ; c'est garantir l'ignorance d'une infamie trop méritée.

Je dirai de plus, en insistant sur ce sujet, que l'office du médecin n'est pas seulement de *rétablir la santé,* mais aussi *d'adoucir les douleurs* et les *souffrances* attachées aux maladies ; et cela non pas seulement en tant que cet adoucissement de la douleur considérée comme symptôme périlleux, *contribue* et *conduit à la convalescence ;* mais encore afin de procurer au malade, lorsqu'il n'y a plus d'espérance, une *mort douce* et *paisible*. Car ce n'est pas la moindre partie du bonheur que cette *euthanasie* (qu'*Auguste* souhaitoit si fort pour lui-même), et qu'on observa aussi au décès d'Antonin-le-Pieux, qui sembloit moins mourir, que tomber peu à peu dans un sommeil doux et profond. On rapporte aussi d'*Épicure*, qu'au moment où sa maladie ne laissoit plus d'espérance, il se procura une pareille mort en se gorgeant de vin, et noyant, pour ainsi dire, l'estomac et le sentiment; ce qui donna lieu à ce trait d'épigramme :

Ce fut ainsi qu'il but l'eau du Styx étant ivre.

C'est-à-dire, qu'à l'aide du vin, il masqua l'amertume des eaux du Styx. Mais, de notre temps, les médecins semblent se faire une loi d'abandonner les malades dès qu'ils sont à l'extrémité (1).

―――――――――――――――――――――

(1) Conduite assez naturelle ; car il semble, au premier coup d'œil, que, dans ce terrible mo-

Au lieu qu'à mon sentiment, s'ils étoient jaloux de ne point manquer à leur devoir, ni par conséquent à l'humanité, et même d'apprendre leur art plus à fond, ils n'épargneroient aucun soin pour aider les agonisans à *sortir* de ce monde avec plus de douceur et de facilité. Or, cette recherche, nous la qualifions de recherche sur l'*euthanasie extérieure*, que nous distinguons de cette autre *euthanasie* qui a pour objet la *préparation de l'ame*, et nous la classons parmi les *choses à suppléer*.

Voici encore ce que je trouve *à suppléer* par rapport à la *cure des maladies*. J'avoue que les médecins de notre temps suivent assez bien les *intentions générales* des *cures*. Quant aux *remèdes particuliers* qui, en vertu d'une certaine propriété *spécifique*, conviennent à telle ou telle maladie, ou ils ne les connoissent pas assez, ou ils ne s'y attachent pas as-

---

ment, le rôle du médecin ne soit pas beau : mais que le docteur se rassure, les héritiers ne sont que trop disposés à l'excuser.

sez scrupuleusement. Car les médecins, graces à leurs décisions magistrales, nous ont fait perdre tout le fruit des traditions et de l'expérience bien constatée, ajoutant une chose, en retranchant une autre, et changeant tout, par rapport aux remèdes, sans autre règle que leur caprice, et faisant des espèces de *quiproquo* d'apothicaire (1). Mais en commandant si orgueilleusement à la *médecine*, ils ont fait que la *médecine* ne commande plus à la *maladie*. Si vous ôtez la thériaque, le mithridate, peut-être encore le diascordium, la confection d'alkermès, et quelques autres remèdes en petit nombre, il n'est presque point de médicament auquel ils s'astrei-

---

(1) Dans la langue vulgaire, un quiproquo d'apothicaire est la méprise d'un homme qui dit, fait ou donne une chose au lieu d'une autre. Mais, dans l'acception originelle, on dit d'un apothicaire, qu'il fait un *quid-pro-quo*, lorsque n'ayant pas précisément la drogue qu'on lui demande, il fournit la drogue qui en approche le plus, et donne une sorte d'*équivalent*.

gnent avec assez de scrupule et de sévérité. Car ces médicamens que l'on vend dans les boutiques, sont plutôt à la main pour les *intentions générales,* qu'appropriés aux *cures particulières;* et ils ne se rapportent spécialement à aucune maladie, mais seulement à certains effets généraux ; comme ceux d'ouvrir les obstructions, de favoriser les concoctions, de détruire les dispositions morbifiques. Voilà pourquoi nous voyons des empyriques et des vieilles réussir mieux dans les cures, que les plus savans médecins, par cela même qu'ils se sont attachés avec plus de scrupule et de fidélité à la composition des remèdes bien éprouvés. Je me rappelle un certain médecin, praticien célèbre en Angleterre, lequel, quant à la religion, tenoit un peu du *juif,* et qui, par sa prodigieuse lecture, étoit une sorte d'*Arabe :* il avoit coutume de dire : *Vos médecins d'Europe, il est vrai, sont de savans hommes, mais ils n'entendent rien aux cures particulières.* De plus raillant sur ce sujet avec assez d'indécence, il ajoutoit: *vos médecins ressemblent à vos évêques; ils ont les clefs pour lier et délier, et rien de plus.* Mais s'il faut dire sérieusement ce qui en est, nous pensons qu'il importe fort que des médecins distingués tout-à-la-fois par leur expérience et leur érudition, entreprennent un ouvrage sur les remèdes vérifiés et bien éprouvés, relativement aux maladies particulières. Si quelqu'un s'appuyant sur une raison spécieuse, s'avisoit de dire qu'il convient à un sage médecin d'avoir égard au tempérament des malades, à l'âge, à la saison, aux habitudes et autres circonstances de cette espèce, et de varier plutôt ses remèdes suivant les cas, que de s'assujettir à certaines règles prescrites; qu'on sache qu'il n'est rien de plus trompeur que cette méthode si vague; qu'en parlant ainsi, on ne donne pas assez à l'*expérience*, mais beaucoup trop au *jugement*. Car, de même que, dans la république romaine, on regardoit comme les citoyens les plus utiles et les mieux constitués ceux qui, étant *con-*

suls, favorisoient le *peuple*, ou qui, étant *tribuns*, penchoient vers le parti du *sénat*; de même aussi, dans ce genre dont nous parlons, nous aimons fort ces médecins qui, tout en faisant preuve d'une grande érudition, attachent beaucoup de prix à la pratique; ou qui, étant renommés pour la pratique, ne dédaignent pas les méthodes et les principes généraux de l'art. Que s'il est quelquefois besoin de modifier les remèdes, il faut le faire plutôt dans leurs *véhicules*, que dans le corps même de ces remèdes; point sur lequel il ne faut pas innover sans la plus évidente nécessité. Ainsi, cette partie qui traite des remèdes *positifs* et *authentiques*, nous décidons qu'elle est *à suppléer*. Mais c'est un genre d'ouvrage qui, exigeant tout-à-la-fois la plus grande pénétration et le jugement le plus sévère, ne doit être tenté que dans une espèce de *synode* de médecins d'élite.

De même, quant à la préparation des médicamens, nous avons lieu d'être étonnés (sur-tout dans un temps où les chymistes vantent si fort, et ont tellement mis en vogue les remèdes tirés des *minéraux*; si de plus l'on considère que les remèdes de cette espèce sont moins dangereux, appliqués extérieurement, que pris intérieurement); nous avons lieu, dis-je, d'être étonnés que personne encore n'ait pris à tâche d'imiter, par le moyen de l'art, les *thermes naturels*, et les *sources médicinales;* quoiqu'on ne disconvienne pas que ces *thermes* et ces *fontaines* doivent leurs vertus aux veines de minéraux qu'elles traversent. Disons plus : une preuve manifeste de ce que nous avançons ici, c'est que l'industrie humaine seroit en état de discerner, à l'aide de certaines analyses, de quels genres de minéraux ces eaux sont teintes. Par exemple, si c'est du *soufre*, du *vitriol*, du *fer*, ou tout autre semblable minéral, qui entre dans leur composition. Or, cette teinture naturelle des eaux, si l'on pouvoit la ramener à des méthodes, et en faire une sorte d'art, il seroit alors au pouvoir de l'homme d'en composer d'une infinité d'espèces, et de régler à son gré leur *tempérament*. Ainsi cette partie de l'imitation de la nature *dans les bains artificiels*, travail sans contredit de la plus éminente utilité, et qui est à notre portée, nous pensons qu'elle *est à suppléer*.

Mais, pour ne pas entrer dans de plus grands détails qu'il ne convient à notre plan et à la nature de ce traité, nous terminerons cette partie en indiquant un autre défaut qui nous paroît de grande importance : je veux dire que la méthode aujourd'hui en usage nous paroît de beaucoup trop simple, pour qu'on puisse, en s'y tenant, exécuter quelque chose de grand et de difficile. En effet, ce seroit, à notre avis, une opinion plus flatteuse que vraie, de s'imaginer qu'il puisse exister quelque remède assez puissant et assez efficace, pour pouvoir, employé seul, opérer quelque grande *cure*. Ce seroit sans doute un merveilleux discours, que celui qui, prononcé une seule fois, ou même souvent réitéré, seroit suffisant pour corriger, pour extirper un vice dès long-temps enraciné. Il n'en est certainement point qui ait un tel pouvoir. Mais ce qui, dans la nature, est vraiment puissant, c'est l'ordre, la suite, la persévérance et une *alternation* méthodique. Or, cette méthode, s'il faut un jugement peu commun pour l'enseigner, et une rare constance pour la suivre, toute cette peine et cette attention qu'elle exige, elle la compense abondamment par la grandeur de ses effets. A voir les peines que se donnent les médecins, en visitant les malades, en se tenant fort long-temps auprès d'eux, en leur prescrivant des remèdes, ne diroit-on pas qu'ils n'épargnent aucun soin pour assurer la cure; et que, dans le traitement, ils sont guidés par une méthode certaine? Mais, si vous regardez d'un peu près tous ces remèdes qu'ils prescrivent, vous ne verrez, dans toute leur marche, qu'inconstance et irrésolution; vous reconnoîtrez qu'ils se contentent d'ordonner ce qu'ils peuvent imaginer sur-le-champ; ou ce qui se présente de soi-même à leur esprit, sans s'être fait d'avance une méthode fixe qui puisse assurer leur marche. Ils auroient dû pourtant, dès le commencement, après avoir bien examiné, bien reconnu la nature de la maladie, et après de mûres réflexions, se tracer une marche de traitement où il y eût de la suite et de l'ordre, et ne s'en point écarter sans les plus fortes raisons. Que les médecins se persuadent bien que deux ou trois remèdes, par exemple, très capables d'opérer la cure de quelque maladie grave, auront cet heureux effet, s'ils sont administrés dans l'ordre et à des intervalles convenables; mais que, si on les prend seuls, si l'on renverse l'ordre selon lequel ils doivent être pris, ou qu'on ne garde pas les intervalles nécessaires, ils seront plus nuisibles qu'utiles (1). Nous ne voulons ce-

---

(1) J'ai ouï dire à un chirurgien de Paris, qui appartenoit au prince de Montbarey, alors ministre de la guerre (en 1784), qu'il existoit un

pendant pas qu'on attache un si grand prix aux méthodes minutieuses ou superstitieuses, et qu'on les regarde comme les meilleures (pas plus que nous ne pensons que *tout chemin étroit conduit au ciel*); mais nous voulons que la route soit aussi *droite,* qu'elle est *étroite* et *difficile.* Or, cette partie, à laquelle nous donnons le nom de *fil médicinal,* nous la rangeons parmi les *choses à ajouter.* Voilà donc ce que nous trouvons *à suppléer* dans la doc-

---

remède pour les cancers ; et qu'il connoissoit un hôpital où l'on avoit déja fait cent trente-cinq cures par ce moyen : que ce remède étoit quelque chose de fort connu ; mais que la gradation qu'il falloit suivre en l'administrant, étoit si délicate et si difficile à saisir, que fort peu de gens étoient en état d'en tirer parti.

Il en est de même de la guérison des maladies vénériennes par le *sublimé corrosif purifié à l'esprit de vin ;* remède certain dans les mains d'un bon praticien qui sait en graduer les doses, et effacer ensuite toutes les traces de son passage ; mais instrument meurtrier entre les mains d'un ignorant, et même d'un très savant médecin qui manqueroit d'expérience sur ce point.

trine de la guérison des maladies ; si ce n'est qu'il reste un seul point plus essentiel que tout ce qui précède ; je veux dire qu'il nous manque une *philosophie naturelle*, vraie et active, qui puisse servir de base à la médecine ; mais ce n'est pas ici sa place.

La partie de la médecine, que nous avons mise au troisième rang, est la *prolongation de la vie ;* partie tout-à-fait neuve, et qui nous *manque absolument.* C'est sans contredit la plus noble de toutes. Si l'on pouvoit inventer quelque chose de semblable, ce seroit alors que la médecine cesseroit d'être embourbée *dans les ordures* du traitement *des maladies*, et que les médecins eux-mêmes ne seroient plus honorés à raison de la seule *nécessité ;* mais aussi à cause de ce don qu'ils feroient aux mortels ; don qui semble être le plus grand parmi les choses terrestres, et dont ils seroient, selon Dieu, les dispensateurs et les économes. Car, quoiqu'aux yeux de l'homme vraiment chrétien, qui soupire sans cesse après la terre promise, ce *monde* soit comme un *désert;* néanmoins, si l'on pouvoit faire que ceux qui voyagent dans ce désert même, usassent moins leurs vêtemens et leurs chaussures (je veux dire le *corps,* qui est comme *l'habit et la chaussure de l'ame*); que ces vêtemens, dis-je, s'usassent moins, cela même pourroit être regardé comme un don de la grace divine. Or, comme cet art, dont nous parlons ici, est de la plus haute importance, nous allons, suivant notre coutume, donner, sur ce sujet, des *avertissemens,* des *indications* et des *préceptes.*

Quant aux *avertissemens,* le premier est que, parmi les écrivains qui ont traité cette matière, il n'en est point qui ait découvert rien de grand, pour ne pas dire d'utile. Aristote, il est vrai, a publié, sur ce sujet, un petit traité, où il ne laisse pas de faire preuve d'une grande pénétration ; mais, à son ordinaire, il veut que ce soit là tout. Quant aux modernes, ils ont traité cette matière, avec tant de négligence et de superstition, que la mauvaise réputation qu'ils se sont faite à cet égard, a rejailli sur le sujet même, qui commence à être réputé pour frivole et pour chimérique.

Le deuxième avertissement est que les vues des médecins sur ce sujet, ne sont d'aucun prix, et elles en détournent plutôt les esprits, qu'elles ne les dirigent vers ce but. La mort, nous disent-ils, a pour cause l'épuisement du chaud et de l'humide. En conséquence il ne s'agit que de renforcer la chaleur naturelle, et de nourrir l'humide radical : comme s'il ne s'agissoit, pour parvenir à un si grand but, que de tel jus, ou de mauves et de laitues, ou d'amydon, ou de jujubes, ou encore d'aromates, ou même de quelque vin généreux, ou enfin d'esprit de vin et d'huiles chymiques, toutes choses plus nuisibles qu'utiles.

En troisième lieu, nous avertissons les hommes de renoncer à ces bagatelles, et de n'être pas assez simples pour s'imaginer qu'une aussi grande entreprise que celle d'arrêter le cours de la nature, ou de la faire rétrograder, on puisse en venir à bout, à l'aide de telle petite potion qu'on prendroit le matin, ou de quelque médicament précieux. Non, il n'est question ni d'or potable, ni d'essence de perles, ni de bagatelles semblables. Mais qu'on se persuade bien que la *prolongation de la vie* est une très laborieuse entreprise; qu'il ne faut pas moins qu'un grand nombre de remèdes, et enchaînés l'un avec l'autre d'une manière convenable. Et qu'on ne soit pas assez stupide pour croire que ce qui n'a jamais été fait, puisse l'être autrement que par des moyens qui n'ont jamais été tentés.

En quatrième lieu, nous avertissons les hommes de bien distinguer et de séparer avec soin ce qui peut rendre la vie *saine* de ce qui peut la rendre *longue*; car il est une infinité de choses qui, servant à augmenter l'activité des esprits, la vigueur des fonctions, et à éloigner les maladies, ne laissent pas de retrancher du total de la vie, et d'accélérer cette *atrophie* qui constitue la vieillesse, et qui n'est point l'effet des maladies. Il en est d'autres qui servent à *prolonger la vie*, à éloigner l'*atrophie* de la *vieillesse*, et dont cependant on ne peut faire usage, sans risques pour sa santé : ensorte que si l'on s'en sert dans cette vue, il faut en même temps parer aux inconvéniens qui peuvent résulter de l'usage qu'on en fait. Voilà les avertissemens que nous avions à donner.

Quant à ce qui regarde les indications, telle est l'*esquisse* (1) de cet art que nous embrassons par notre pensée; les choses se *conservent* et *durent* de deux manières, ou dans leur *identité*, ou par *réparation*. Dans leur *identité*, comme la

---

(1) Comme le caractère le plus frappant de cette esquisse est la précision, nous nous permettrons de forger deux ou trois mots absolument nécessaires pour conserver ce caractère, pour éviter les *périphrases*, et pouvoir rendre l'original presque mot pour mot. Mais cette liberté, nous la prendrons rarement, et ces mots nous ne les emploierons qu'*ici*.

mouche ou la *fourmi*, dans le *succin* (1); comme une *fleur*, un *fruit*, du *bois*, dans une *glacière* ; un *cadavre*, dans le *baume*.

Quiconque travaille à la *prolongation de la vie*, doit employer ces deux espèces de moyens ; car séparés, ils sont moins puissans : il faut, dis-je, employer, pour conserver le corps humain, les moyens qui conservent les corps *inanimés*, et ceux qui conservent la *flamme*; enfin, jusqu'à un certain point, ceux qui

―――――――――――――――――

(1) Au milieu d'un morceau de *succin* ou d'*ambre* jaune, matière demi-transparente, comme on sait, on voit quelquefois des mouches et des fourmis qui se sont parfaitement conservées. Il paroît qu'au moment où le suc glutineux, dont l'ambre n'est qu'une concrétion, a coulé, ces insectes s'y seront trouvés embarrassés comme dans de la glu ; et que la matière ensuite étant venue à se durcir, ils y seront restés ensevelis, comme dans un mausolée. On pourroit employer ce moyen pour conserver durant plusieurs siècles les corps des hommes illustres. Cette matière, il est vrai, est assez rare ; mais les grands hommes le ont encore plus.

conservent les *machines*. Ainsi, à ce but de la *prolongation de la vie* se rapportent trois espèces d'intentions ; savoir : le *retardement* de la *consomption*, la perfection de la *réparation*, et le *renouvellement* de ce qui *commence à vieillir*. La *consomption* a pour cause deux espèces de *déprédations* : la *déprédation de l'esprit inné*, et la *déprédation de l'air ambiant*. On l'empêche de deux manières : en rendant ces *agens* moins *déprédateurs*, ou en rendant les *patiens* (*savoir, les sucs du corps*) moins aisés à consumer. L'*esprit* devient moins *déprédateur*, par les moyens qui rendent sa *substance plus dense*, ou par l'usage des *opiats* et des substances nitreuses, ou par les *affections qui tiennent de la tristesse*, ou encore en diminuant sa *quantité*, effet que produisent les régimes *pythagoriques* et *monastiques*; ou enfin en *adoucissant ses mouvemens*, ce qui est l'effet du *repos et de la tranquillité*. L'*air ambiant* devient moins *déprédateur*, lorsqu'il est *moins exposé aux rayons du soleil;* comme dans les *régions froides,* dans les *cavernes,* sur les *montagnes,* sur les *colonnes de certains anachorètes;* ou en l'éloignant *du corps,* effet résultant des moyens qui rendent *la peau plus compacte,* ou des plumes d'oiseaux employées pour les vêtemens, ou de l'usage de l'*huile* et des *onguens,* sans parties aromatiques, on rend les *sucs* du corps moins *aisés à consumer,* soit en leur donnant plus de *consistance,* soit en les rendant plus *onctueux* ou plus *huileux;* plus *résistans,* dis-je, *en menant une vie dure,* en vivant dans un *air froid,* en *faisant beaucoup de ces exercices* qui demandent *de la force,* ou encore en *faisant usage de certains bains minéraux;* on les rend plus onctueux par l'usage des *alimens doux,* par l'*abstinence* des substances *salines* et *acides;* et avant tout, par l'usage d'une *boisson mélangée,* qui soit composée de *parties très ténues* et *très subtiles,* mais destituées de *toute acrimonie* et de *toute acidité;* la *réparation* se fait par le moyen des *alimens:*

or, on facilite l'*alimentation* de quatre manières ; savoir : en *augmentant la force concoctive des viscères*, et les rendant plus capables d'*extraire* et de *pousser les molécules alimentaires*, ce qui est l'effet des substances qui fortifient les viscères principaux : ou en *excitant* les parties extérieures à *attirer l'aliment*, soit par des *exercices* et des *frictions* convenables, soit enfin à l'aide de certaines *onctions* et de certaines *espèces de bains*, appropriés à ce but : par la *préparation de l'aliment même*, afin qu'il *s'insinue plus aisément*, et soit, jusqu'à un certain point, comme *digéré avant qu'on le prenne*, effet qu'on obtient par différentes et ingénieuses manières d'*assaisonner les alimens*, de *mélanger les boissons*, et de *faire fermenter le pain*, mais surtout en *combinant ensemble et réunissant dans un seul aliment les vertus de ces trois espèces de moyens* : enfin, en *fortifiant le dernier acte de l'assimilation* même, effet du *sommeil* pris à propos, et de l'*application* de certaines substances à l'extérieur. Le *renouvellement de ce qui commence à vieillir*, s'opère de deux manières, ou en *amollissant toute l'habitude du corps*, ce qui est l'effet propre des *émolliens*, soit *bains*, soit *emplâtres*, soit *onctions*; toutes choses qui doivent être de nature à *répercuter à l'intérieur*, non à *tirer au dehors*: ou en *évacuant le vieux suc, et y substituant un suc nouveau;* but auquel on parvient, en *employant* et réitérant *à propos* les *purgations*, les *saignées* et les *diètes atténuantes;* en général, tout ce qui peut remettre le corps dans sa fleur. Voilà ce que nous avions à dire sur les *indications*.

Quant aux *préceptes*, quoiqu'on en puisse déduire un grand nombre des *indications* mêmes, nous ne laisserons pas d'en joindre à ceux-là, trois qu'on peut regarder comme les principaux. Le premier est que cette prolongation de la vie, il faut l'attendre plutôt de certaines observances, ou diètes réitérées, et placées à des *intervalles réglés*, que de tel ou tel régime passé en habitude, ou de l'éminente qualité des médicamens particuliers. En effet, les moyens assez puissans pour faire *rétrograder* la nature, ont le plus souvent tant d'action et de force altérante, qu'il seroit imprudent de les combiner tous ensemble dans tel ou tel remède, et beaucoup plus encore de les distribuer dans son régime familier; reste donc à les employer successivement, avec un certain ordre, à des intervalles de temps marqués, et suivant des périodes fixes.

Le second *précepte* est qu'il faut attendre plutôt la *prolongation de la vie* des opérations sur *les esprits* et de *l'amollissement* des parties du corps, que de telle ou telle méthode d'*alimentation*. En effet, comme le *corps humain*, abstraction faite des causes extérieures, est soumis à l'action de trois choses; savoir: à celle des *esprits*, à celle des *parties*, et à celle des *alimens*, cette manière de *prolonger la vie*, qui procède par les différentes *méthodes d'alimentation*, est longue, pleine de détours et de circuits. Celles qui procèdent par les *opérations sur les esprits* et sur les *parties*, sont beaucoup plus courtes, et mènent plus directement au but désiré, attendu que les esprits reçoivent aussi-tôt les impressions des vapeurs et des parties, qui ont sur eux un pouvoir étonnant, et les parties ne sont pas moins promptement affectées par les bains, les onctions ou les emplâtres dont elles reçoivent les impressions.

Le troisième *précepte* est que pour amollir *par dehors* les parties, on doit employer des matières *consubstantielles*, *répercussives*, et faisant l'office d'une sorte de *lut*; car c'est par cela même que les matières *consubstantielles* s'unissent volontiers aux parties, que celles-ci les *happent* avec tant de facilité, et ce sont proprement de telles substances qui *amollissent*. Or, les matières *répercussives*, comme autant de *véhicules*, portent plus aisément, et à une plus grande profondeur, la vertu des *émolliens*, et ces substances produisent aussi un certain degré d'*expansion* dans les parties. Les *substances qui bouchent les pores*, retiennent la vertu des unes et des autres, la fixent quelque temps dans les parties, et empêchent la *perspiration*, qui a des effets opposés à ce but de l'*amollissement*, attendu qu'elle dépouille le corps de son humidité. C'est donc à l'aide de ces trois espèces de moyens, mais plutôt en les disposant et les faisant se succéder dans un certain ordre, qu'en les mêlant ensemble, qu'on peut enfin arriver au but. Au reste, nous avertissons à ce sujet, que le but de cet *amollissement* n'est pas de nourrir les parties par dehors, mais seulement de les rendre plus habiles à la *nutrition;* car plus un corps est aride, moins il a d'activité pour assimiler. Mais en voilà assez sur la *prolongation de la vie,* qui est la *troisième partie de la médecine,* et que nous y avons nouvellement aggrégée.

Passons à la *cosmétique*. Elle a des parties utiles dans la vie ordinaire, et d'autres parties qui ne conviennent qu'à des efféminés ; car c'est avec raison qu'on regarde la propreté du corps, et un extérieur soigné, comme l'effet d'une certaine modestie de caractère, et d'un certain respect, d'abord envers *Dieu* même, dont nous sommes les créatures, puis envers la *société* où nous vivons, enfin envers nous, qui ne devons pas avoir moins de respect pour nous-mêmes que pour les autres ; mais cette parure mensongère, où l'on fait entrer le fard et tout l'appareil de la toilette, mérite bien ces inconvéniens qui l'accompagnent toujours ; car, malgré tous ses prestiges, elle n'est jamais assez adroite pour faire entièrement illusion (1), et d'ailleurs elle est assez embarrassante. Enfin, ses effets ne sont pas entièrement innocens, et la santé en souffre quelquefois (2).

─────────

(1) Selon toute apparence, ce sont les femmes laides qui ont imaginé le fard, pour masquer tout-à-la-fois et leur propre laideur et les agrémens des belles.

(2) Sur-tout de cette partie de la parure qui

Nous sommes étonnés que cette habitude même de se farder ait si long-temps échappé aux censures, tant civiles qu'ecclésiastiques, qui se sont pourtant montrées si sévères contre le luxe des habits et les coëffures efféminées. Nous lisons sans doute, au sujet de *Jezabel*, qu'elle se fardoit le visage; quant à *Esther* et à *Judith*, on ne nous dit d'elles rien de semblable.

Passons à l'*athlétique*. Nous donnons à la signification de ce mot un peu plus d'étendue qu'on ne lui en donne ordinairement; car nous rapportons à cet art tout ce qui a pour but de procurer quelque bonne disposition que ce puisse être, et dont le corps humain est susceptible, soit *agilité*, soit *force de résis-*

---

consiste à étrangler ses membres par des vêtemens fort étroits, et à s'environner de ligatures, afin d'avoir un air dégagé. Au moment même de la révolution, cette mode étoit dans son fort : excellente méthode pour conquérir la liberté, que de commencer par s'emprisonner dans ses habits !

tance. Or, l'*agilité* a deux parties ; savoir : *vigueur* et *vitesse*. La *force de résistance* a aussi deux parties ; savoir : *patience* à endurer les besoins naturels, et *fermeté* dans la douleur. Toutes choses dont on voit souvent des exemples frappans, dans ces hommes qui dansent sur la corde, dans la vie dure de certains sauvages, dans les forces prodigieuses des maniaques, et dans la fermeté dont quelques-uns ont fait preuve au milieu de tourmens recherchés. De plus, s'il se trouve quelque autre faculté qui ne se place point dans la première division ; comme celle qu'on observe souvent dans ces plongeurs, qui ont une force étonnante pour retenir leur haleine, nous voulons qu'on l'agrège à ce même art. Or, que toutes ces choses soient possibles, c'est ce qui n'est pas douteux ; mais de les considérer d'un œil *philosophique*, et d'en chercher les *causes*, c'est ce qu'on a tout-à-fait négligé, et la raison de cette omission me paroît être, que les hommes sont persuadés que les tours de force de cette nature sont plutôt dus à la disposition particulière de certains individus (ce qui n'est pas susceptible d'être soumis à des règles), ou à une longue habitude contractée dès l'enfance, ce qu'on est plutôt dans l'usage de commander que d'enseigner ; mais quoiqu'il entre un peu de faux dans ces allégations, qu'est-il besoin au fond de noter les méprises de cette nature ? Désormais les jeux olympiques sont abolis, et un degré médiocre d'habileté en ce genre suffit pour l'usage ordinaire. Quant à l'avantage d'y exceller, il n'est bon que pour un certain étalage mercenaire.

Nous voici enfin arrivés aux *arts de volupté* ; ils se distribuent comme les sens mêmes qui en sont les objets. Au plaisir des yeux se rapporte la *peinture* avec une infinité d'autres arts, qui tous ont pour objet une certaine magnificence dans les édifices, les jardins, les vêtemens, les vases, les coupes, les pierres précieuses, et autres choses semblables.

L'oreille est flattée par la *musique*, art muni d'un si grand appareil de voix, de soufflets, de cordes, toutes choses qui se compliquent et se diversifient à l'infini. Les machines *hydrauliques* étoient aussi regardées autrefois comme des chef-d'œuvres de l'art ; mais elles sont presque entièrement tombées en désuétude (1). Les arts, qui se rapportent à la *vue* et à l'*ouïe*, ont été, plus que tous les autres, qualifiés de *libéraux*. Ces deux sens sont plus chastes que les autres, et les sciences qui s'y rapportent, sont plus riches en connoissances, attendu que dans leur famille elles possèdent les mathématiques à titre de servante. De plus, la première a quelque rapport avec la *mémoire* et les

---

(1) On voit un grand nombre de machines de cette espèce dans la *ville* d'*Est* à *Tivoli*, palais de plaisance appartenant à la maison impériale, et dans d'autres *villes* du même lieu, de *Frescati*, d'*Albane*, etc. Les principaux inventeurs ou compilateurs en ce genre, sont le père *Dechales*, *Athanase Kirker*, et sur-tout le père *Scoth*, qui a compilé les compilateurs mêmes.

démonstrations; et l'autre, avec les *mœurs* et les *affections* de l'ame. Les plaisirs des autres sens, et les arts qui s'y rapportent, sont moins en honneur, comme tenant plus du luxe que de la magnificence. Les parfums, les odeurs, les rafinemens et les délicatesses de la table, mais principalement tous ces honteux moyens qui provoquent le libertinage, ont plus besoin d'un censeur que d'un maître. C'est avec beaucoup de jugement que quelques-uns ont observé qu'à la naissance, et durant l'accroissement des républiques, fleurissent les arts militaires; à leur plus haut point de prospérité, les arts libéraux; enfin, lorsqu'elles penchent vers leur déclin et leur décadence, les arts voluptueux. J'ai bien peur que notre siècle, comme étant au déclin de sa prospérité, ne penche vers les derniers arts. Ainsi abandonnons un tel sujet : j'accouple avec *les arts voluptueux* ces autres arts qui consistent en jeux et en tours d'adresse ; car les illusions faites aux sens, doivent aussi être rangées parmi les plaisirs des sens.

Ayant désormais parcouru toutes ces doctrines qui ont pour objet le *corps humain* (*médecine, cosmétique, athlétique, science de la volupté*), nous finirons par un avertissement que nous devons donner en passant. Il est, dans le corps humain, tant de choses à considérer, comme *parties, humeurs, fonctions, facultés, accidens;* que, si nous eussions été entièrement les maîtres de cette distribution, il nous eût fallu constituer un corps de doctrine sur le *corps humain*, assez étendu pour embrasser toutes ces choses, et semblable à cette *doctrine de l'ame*, dont nous allons parler; mais, de peur de trop multiplier les arts, et de transposer, plus qu'il ne faut, leurs anciennes limites, nous faisons entrer dans le corps de la *médecine* la doctrine qui a pour objet les *parties du corps humain*, les *humeurs*, les *fonctions*, la *respiration*, le *sommeil*, la *génération*, le *fœtus* et *son séjour* dans la *matrice*, l'accroissement, la *puberté*, les *cheveux blancs*, l'*embonpoint*, et autres choses semblables, quoiqu'elles ne se rapportent pas proprement à ces trois buts, dont nous avons parlé; mais par cette seule raison que le *corps de l'homme* est, sous toutes sortes de rapports, le sujet propre de la *médecine*. Quant au *mouvement volontaire* et au *sentiment,* nous les renvoyons à la doctrine de l'*ame;* attendu que, dans ces deux choses, c'est l'*ame* qui joue le principal rôle. C'est ainsi que nous terminons la *doctrine* qui a pour objet le *corps humain,* qui est, pour ainsi dire, la *demeure de l'ame.*

CHAPITRE III.

Division de cette partie de la philosophie humaine qui a l'ame pour objet, en doctrine du souffle de vie, *et doctrine de l'ame sensible ou produite. Seconde division de la même philosophie en doctrine de la substance et des facultés de l'ame; et doctrine de la destination et des objets de ces facultés.*

Deux appendices de la doctrine des facultés de l'ame, doctrine de la divination naturelle, et doctrine de la fascination. Division des facultés de l'ame sensible en mouvement et sentiment.

PASSONS à la *doctrine de l'ame humaine* ; de ses trésors sont tirées les autres sciences. Elle a deux parties : l'une traite de l'ame *rationelle*, qui est divine ; l'autre, de l'ame *irrationelle*, qui nous est commune avec les brutes. Nous avons marqué ci-dessus, en parlant des *formes*, ces différences si frappantes qui distinguent ces deux émanations, et qui se montrent si sensiblement au moment de la première création de l'une et de l'autre ; savoir : que l'une tire son origine du *souffle divin ;* et l'autre, des *matrices des élémens.* Car tel est le langage de l'écriture, lorsqu'elle parle de la génération primitive de *l'ame rationelle : il forma l'homme du limon de la terre, et souffla sur sa face un souffle de vie :* au lieu que la génération de *l'ame irrationelle*, c'est-à-dire, de celle des brutes, fut l'effet de ces paroles : *que l'eau produise, que la terre produise*. Or, cette dernière espèce d'ame, telle qu'elle se trouve dans l'homme, n'est, par rapport à l'ame rationelle, qu'un simple organe; et semblable en cela à celle des brutes, elle tire elle-même son origine du limon de la terre; car il n'est pas dit : il forma *le corps de l'homme* du limon de la terre, mais il forma *l'homme*, c'est-à-dire, l'homme tout entier, à l'exception du *souffle de vie*. Ainsi cette première partie de la *doctrine sur l'ame humaine*, nous l'appellerons *doctrine sur le souffle vital*; et la seconde, nous la qualifierons de *doctrine de l'ame sensible* ou *produite*. Cependant, comme jusqu'ici nous ne traitons encore que la seule philosophie, ayant renvoyé la *théologie sacrée* à la fin de l'ouvrage, nous n'emprunterions pas cette division à la *théologie*, si une telle distribution n'étoit aussi d'accord avec les principes de la philosophie.

En effet, l'ame humaine a une infinité de caractères de supériorité qui la distinguent de l'ame des brutes : caractères sensibles même pour ceux qui ne philosophent que d'après les sens. Or, par-tout où se trouvent des caractères si marqués d'excellence et en si grand nombre, la règle est d'y établir une différence vraiment *spécifique*. Ainsi nous ne goûtons pas trop cette manière confuse et indistincte dont les philosophes ont traité des *fonctions de l'ame* : il semble, à les entendre, qu'il n'y ait entre l'ame humaine et celle des brutes, que la simple différence du *plus au moins*, et non une différence vraiment *spécifique*; à peu près comme, entre le soleil et les autres astres, l'or et les autres métaux.

Avant d'entrer dans le détail des *espèces*, il faut ajouter ici une autre distribution de la *doctrine sur l'ame humaine*. Car ce que nous dirons ensuite des espèces, s'appliquera aisément à ces deux divisions, tant à celle que nous avons déja exposée, qu'à celle que nous allons proposer : soit donc la seconde de ces deux divisions ; *doctrine de la substance et des facultés de l'ame, et doctrine de la destination et des objets de ces facultés.*

Ces deux divisions une fois déterminées, passons aux *espèces*. La doctrine du *souffle vital*, laquelle ne diffère en rien de celle de l'*ame rationelle*, comprend les recherches suivantes sur sa nature ; savoir : si elle est *native* ou *adventice* (1), *séparable* ou *inséparable*, *mortelle* ou *immortelle*, jusqu'à quel point elle est liée aux loix de la matière, et jusqu'à quel point elle en est dégagée,

---

(1) Voici, je crois, ce qu'il veut dire : les ames furent-elles créées toutes ensemble à l'origine du monde ; ou encore, sont-elles éternelles comme Dieu même ? et dans l'une ou l'autre de ces deux suppositions, attendent-elles leur tour pour se loger dans les corps organisés, à mesure qu'ils se forment ? ou enfin sont-elles créées seulement à l'instant où se forment les corps organisés, capables de les loger ? Questions, comme l'on voit, non moins utiles que faciles à résoudre.

et autres semblables questions. Or, quoique toutes les questions de même nature soient susceptibles, même en philosophie, de recherches plus exactes et plus profondes que celles dont elles ont été l'objet jusqu'ici ; néanmoins c'est à la *religion* qu'il faut abandonner le soin de les résoudre et de les décider; sans quoi nous serons exposés à des erreurs sans nombre et aux illusions des sens.

En effet, comme la *substance* de *l'ame humaine*, au moment qu'elle fut créée, ne fut point extraite de la masse du ciel et de la terre, mais produite par l'inspiration immédiate de Dieu; que d'ailleurs les loix du ciel et de la terre sont le sujet propre de la philosophie, comment pourrions-nous tirer de cette seule philosophie la connoissance de *l'ame rationelle?* Il est clair que cette connoissance doit être tirée de cette même inspiration divine dont la *substance de l'ame* est émanée.

Or, la *doctrine* sur *l'ame sensible* ou *produite*, même ce qui concerne sa *substance*, est bien une recherche dont on s'occupe, mais cette recherche-là nous paroît aussi presque à *suppléer*. Car enfin que font à la doctrine sur la *substance de l'ame*, l'*acte dernier*, la *forme du corps*, et autres fadaises *logiques*? attendu que l'*ame sensitive*, ou celle des brutes, doit être regardée comme une substance tout-à-fait *corporelle;* substance atténuée par la chaleur, et rendue invisible par cette atténuation : c'est, dis-je, un fluide, tenant de la nature de l'air et de celle de la flamme ; doué de la souplesse de l'air pour recevoir les impressions, et de l'activité du feu pour darder son action ; nourri, en partie de substances huileuses, en partie de substances aqueuses ; caché sous l'enveloppe du corps ; ayant, chez les animaux parfaits, son principal siége dans la tête ; parcourant les nerfs et réparant ses pertes à l'aide d'un sang spiritueux que fournissent les artères. Telle est l'idée qu'en ont donnée Bernard Télèse et Augustin Donius, son disciple, idée qui, à certains égards, n'est pas sans quelqu'utilité. Ainsi, cette doctrine doit être le sujet de recherches plus exactes; et cela d'autant plus, que c'est pour n'avoir pas assez approfondi ce sujet, qu'on est tombé dans ces opinions superstitieuses, profanes, et qui vont à rabaisser odieusement la dignité de l'ame humaine: je veux dire, celle de la *métempsycose*, celle de la *purification des ames* durant certaines grandes périodes; enfin celle de l'analogie complette de l'ame humaine avec celle des brutes. Or, celle-ci est, dans les brutes, l'ame principale; et le corps des brutes est son organe. Au lieu que, dans l'homme, ce n'est qu'un organe de l'ame rationelle; et quant à cette dernière, on devroit plutôt la désigner par le nom d'*esprit*, que par celui d'*ame*. En voilà assez sur la *substance* de l'*ame humaine*.

Les *facultés* de l'ame les plus connues sont l'*entendement*, la *raison*, l'*imagination*, la *mémoire*, l'*appétit*, la *volonté*; enfin, toutes celles qui sont les objets de la *logique* et de la *morale*. Mais c'est dans la doctrine même de l'ame qu'il faut traiter de leurs *origines*; et cela *physiquement*, et en tant qu'elles sont innées dans l'ame, qu'elles y sont inhérentes; en n'attribuant à ces autres arts dont nous venons de parler, que la *destination* et les *objets* de ces facultés. Mais je ne vois pas que, sur cette partie-là, on ait fait de découverte vraiment grande; cependant nous n'avons garde de dire qu'elle nous manque entièrement. Cette même partie a aussi deux *appendices* sur les *facultés de l'ame;* deux sciences qui, vu la manière dont on les traite, n'ont produit que certaines fumées d'opinions obscures, et pas la moindre étincelle de vérité. L'une de ces appendices est la doctrine de la *divination naturelle;* l'autre, celle de la *fascination*.

C'étoit avec raison que les anciens divisoient cette science de la *divination* en deux parties; savoir : l'*artificielle* et la *naturelle*. L'*Artificielle*, raisonnant d'après les indications que fournissent les signes, tire ses prédictions de ces raisonnemens. La *naturelle* pronostique d'après un certain pressentiment intérieur de l'ame, et sans le secours des signes.

L'artificielle est de deux espèces. L'une raisonne d'après la connoissance des *causes* ; l'autre, d'après la seule *expérience,* à laquelle elle donne aveuglément une certaine autorité : la dernière est le plus souvent superstitieuse. Telles étoient ces règles des Païens sur *l'inspection des entrailles,* le *vol des oiseaux, etc.* L'astrologie des Chaldéens fut encore plus célèbre, et n'en valoit pas mieux. Mais ces deux espèces de *divinations artificielles* se trouvent dispersées dans les différentes sciences. L'*Astrologue* a ses prédictions fondées sur l'inspection de la situation des astres. Le *médecin* a aussi les siennes sur les approches de la mort, sur la convalescence, sur les symptômes futurs des maladies ; prédictions qu'il tire de l'inspection des urines, du pouls et de l'extérieur des malades. Enfin, le *politique* a les siennes : *ô ville vénale ! et qui périrois bientôt s'il se trouvoit un acheteur* (1) : prédiction qui ne tarda pas à s'accomplir, d'abord en la personne de *Sylla*, puis en celle de *César*. Ainsi les *prédictions* de cette espèce n'entrent pas dans le plan de l'ouvrage dont nous parlons ici, et elles doivent être renvoyées aux arts auxquels elles sont propres. Mais enfin, c'est de cette *divination* qui tire sa vigueur d'une certaine force intérieure de l'ame, c'est de celle-là seulement qu'il s'agit ici : elle est de deux espèces ; l'une, *native* ; l'autre, *produite* par une sorte d'influence. La *native* s'appuie sur ce fondement : elle suppose que l'ame n'étant plus répandue dans les organes du corps, mais recueillie et concentrée en elle-même, a, en vertu de son essence, quelque *prénotion* de l'avenir. Et c'est ce dont on voit des exemples frappans dans les *songes*, dans les *extases*, aux *approches de la mort* ; rarement durant la veille, ou lorsque le corps est sain et vigoureux. Or, cet état de l'ame, on peut le produi-

---

(1) Mot de Jugurtha à son départ de Rome.

re, ou du moins le faciliter par les abstinences et par tous ces moyens dont l'effet est de dégager l'ame de ses fonctions *relatives* au corps, et qui la mettent en état de jouir de sa propre nature, sans que les causes extérieures puissent l'en empêcher. La *divination par influence* se fonde sur cette autre supposition : que l'ame, semblable à un miroir, reçoit une certaine illumination secondaire de la prescience de Dieu et des esprits. Et c'est encore un état auquel, comme au premier, la disposition du corps et le régime peuvent contribuer. Car cette même abstraction de l'ame la rend aussi plus capable de jouir pleinement de sa propre nature, et plus susceptible des influences divines; si ce n'est que, dans cette *divination par influence*, l'ame est dans une sorte d'effervescence, et semble ne pouvoir soutenir la présence de la divinité (ce que les anciens qualifioient de *fureur sacrée*); au lieu que, dans la *divination native*, sa disposition approche davantage d'un état de repos et de tranquillité.

Quant à la *fascination*, c'est une force, un acte puissant de l'imagination sur le corps d'un autre individu; car, pour ce qui est de la force qu'exerce l'imagination sur le corps de celui même qui imagine, nous avons ci-dessus touché ce point en passant. Et c'est en quoi l'école de *Paracelse*, et tous ceux qui cultivent la *fausse magie* naturelle, ont donné dans l'excès au point d'égaler la force et l'appréhension de l'imagination, à cette foi qui opère des *miracles*. D'autres qui approchent plus de la vraisemblance, considérant avec plus de pénétration les énergies et les impressions occultes des choses, les irradiations des sens, les contagions qui se transmettent de corps à corps, et cette propriété qu'a la vertu magnétique d'agir à distance, en vinrent jusqu'à penser qu'à beaucoup plus forte raison, *d'esprit à esprit*, ces impressions, ces transmissions et ces communications pouvoient avoir lieu, l'esprit étant ce qu'il y a de plus fort et de plus actif, et en même temps de plus susceptible d'impressions, de plus facile à affecter. De là sont nées ces opinions, devenues presque populaires; comme celle d'un génie supérieur, celle qui fait croire que certains hommes portent malheur et sont de mauvais présage, celle des *coups d'amour et d'envie,* et autres semblables. A cette recherche s'en joint une autre où il s'agit de savoir comment on peut *fortifier l'imagination* et *augmenter son intensité.* Car, s'il est vrai qu'une imagination forte ait la puissance qu'on lui attribue, il seroit utile sans doute de savoir par quels moyens on peut l'exalter, et faire qu'elle se surpasse, pour ainsi dire, elle-même; ce qui fourniroit un moyen, indirect à la vérité, mais pourtant dangereux, de pallier et de défendre jusqu'à un certain point la plus grande partie de la *magie cérémonielle.* Ce seroit en effet un prétexte assez spécieux, que de dire que ces cérémonies, ces caractères, ces enchantemens, ces gesticulations, ces amulètes, et autres moyens semblables dont ils font usage, ne doivent point leur force à un certain pacte avec les mauvais esprits, soit tacite, soit confirmé par quelque sacrement; mais qu'ils ont simplement pour but de fortifier et d'exalter l'imagination, à peu près comme dans la religion on emploie les images pour fixer les esprits dans la contemplation, et pour exciter la dévotion de ceux qui prient. Mon sentiment néanmoins est qu'en accordant même que l'imagination ait cette force et cette puissance qu'on lui attribue; que de plus ces cérémonies augmentent cette force et lui donnent plus d'intensité; qu'en accordant enfin que ces cérémonies tendent sincèrement et uniquement à ce but, que c'est même une sorte de remède physique, sans qu'il y entre le plus foible degré d'intention d'implorer le secours des esprits; mon sentiment, dis-je, est que de tels moyens doivent être tenus pour illicites, attendu qu'ils résistent et regimbent, pour ainsi dire, contre cette sentence que Dieu a portée contre l'homme, à cause de son péché : *tu mangeras ton pain à la sueur de ton front*. Ces fruits si doux que Dieu a constitués comme le salaire du travail, cette sorte de magie les propose pour prix d'un petit nombre d'observances faciles, et qui n'exigent aucun travail.

Restent deux *doctrines* qui se rapportent principalement aux facultés de l'*ame inférieure* ou *sensible*, vu qu'elles ont les relations les plus étroites avec les organes corporels : l'une traite du *mouvement volontaire*; l'autre, du *sentiment et de l'être sensible*. Dans la première, que d'ailleurs on a traitée d'une manière assez mesquine, il manque une partie presque en entier. En effet, s'agit-il de déterminer quelle est la fonction et la structure la plus parfaite des nerfs, des muscles et autres instrumens requis pour ce mouvement; quelle partie se repose, tandis que telle autre se meut; de savoir aussi pourquoi c'est l'imagination qui maîtrise ce mouvement, et qui est ici, en quelque manière, le *cocher* : ensorte que l'image à laquelle tend le mouvement, venant à disparoître, le mouvement est aussi-tôt intercepté, arrêté, comme nous le voyons par ce qui nous arrive à nous-mêmes lorsque nous nous promenons ; car si alors il nous survient quelque pensée vive et un peu fixe, nous nous arrêtons aussi-tôt: s'il s'agit enfin de tout cela et de quelques autres remarques assez fines, l'observation et les recherches se sont tournées de ce côté-là. Mais demande-t-on comment les compressions, les dilatations et les agitations de l'esprit, qui est sans contredit le principe du mouvement, peuvent fléchir, exciter, pousser une masse aussi grossière que celle du corps humain ; c'est un sujet sur lequel on n'a pas fait encore des recherches assez exactes, et qu'on n'a pas assez manié. Et doit-on en être étonné, quand on voit que l'ame sensible elle-même a été jusqu'ici regardée plutôt comme une *entéléchie*, comme une sorte de *fonction*, que comme une vraie *substance*? Mais, quand on se seroit déja assuré que c'est une substance vraiment corporelle, une vraie matière, encore resteroit-il à savoir par quelle espèce de force une vapeur si déliée et en si petite quantité, peut mettre en mouvement une masse d'une si grande consistance et d'un si grand volume : ainsi cette partie est *à suppléer*, et l'on doit en faire l'objet d'une recherche particulière.

Quant au *sentiment même* et à l'être *sensible*, on a poussé beaucoup plus loin les recherches sur ce sujet, tant dans les traités généraux composés dans cette vue, que dans certains arts particuliers, tels que la *perspective* et la *musique* : mais, s'il faut dire la vérité, c'est d'une manière qui ne répond nullement au but ; puisqu'après tout il n'est pas permis d'agréger cette partie *aux choses à suppléer*. Il est pourtant, dans cette doctrine même, deux parties vraiment importantes et dignes de considération, qui nous paroissent manquer : l'une a pour objet la différence de la *perception* et du *sentiment*; l'autre, la *forme* de la *lumière*.

Or, quant à la détermination très exacte de la vraie différence qui existe entre la *perception* et le *sentiment*, c'est ce que les philosophes auroient dû mettre en tête de leurs traités sur le *sentiment* et l'être *sensible*; c'est un point vraiment *fondamental*; car nous voyons qu'il existe dans tous les corps naturels une certaine faculté de percevoir, et même une sorte de *choix* en vertu duquel ils s'unissent avec les substances amies, et fuient les substances ennemies. Or, nous ne parlons pas ici des *perceptions* les plus subtiles, telles que celles qui ont lieu, lorsqu'on voit l'aimant attirer le fer, la flamme s'élancer vers le naphte; une bulle approchée d'une autre bulle, s'y réunir; les rayons de lumière se réfléchir sur un corps blanc; le corps d'un animal s'assimiler les substances qui lui sont utiles, et se débarrasser de l'inutile par les excrétions; la partie d'une éponge, élevée au-dessus du niveau de l'eau, attirer ce fluide en chassant l'air; et d'autres semblables phénomènes. En effet, qu'est-il besoin de dénombrer les exemples de cette espèce? Ne sait-on pas que jamais corps approché d'un autre corps, ne le change et n'est changé par lui, si cette opération n'est précédée d'une *perception réciproque*? Un corps *perçoit* les pores dans lesquels il s'insinue, il *perçoit* le choc d'un autre corps auquel il cède. Lorsqu'un corps étant retenu par un autre corps, celui-ci vient à s'éloigner; le premier, en se rétablissant, *perçoit* cet éloignement. Il *perçoit* sa solution de continuité à laquelle il résiste pendant quelque temps. Enfin, la *perception* se trouve par-tout (1). La *perception* que l'air a du

---

(1) Elle se trouve par-tout pour ceux qui veulent l'y voir. C'est ici un sophisme, qui consiste à conclure, de ce qu'on donne le même nom à des phénomènes très différens, qu'ils sont *identiques* ou *semblables*; sophisme où tombent tous ces physiciens, *chymistes*, *médecins*, *méchaniciens*, *électrisans*, *magnétisans*, qui croient expliquer les phénomènes divers, en les assimilant à ceux dont ils se sont le plus occupés, et en y appliquant les principes, ou plutôt les mots qu'ils prononcent le plus souvent. C'est toujours l'astronome qui croit voir dans la lune la souris qui est dans sa lunette.

froid et du chaud, est si délicate, que son tact, à cet égard, est plus fin que le tact humain, qu'on regarde ordinairement comme la mesure du chaud et du froid. Ainsi, les hommes ont commis, relativement à cette doctrine, deux espèces de fautes : l'une est que le plus souvent ils l'ont négligée et laissée comme intacte, quoiqu'elle soit des plus importantes; l'autre, que ceux qui ont tourné leurs vues de ce côté-là, ont été beaucoup trop loin, attribuant le *sentiment* à tous les corps sans exception : ensorte que, selon eux, ce seroit une sorte de sacrilège que d'arracher une branche d'arbre et s'exposer à l'entendre pousser des gémissemens, comme celle de *Polydore*. Ils auroient dû pourtant chercher la véritable *différence* qui est entre la *perception* et le *sentiment*; et cela non pas seulement en comparant les êtres sensibles avec les êtres insensibles, quant à la totalité de leur corps, comme les plantes et les animaux; mais de plus tâcher de savoir *pourquoi*, même dans un seul corps sensible, il est tant d'actions qui s'exécutent sans le moindre *sentiment*: *pourquoi* les alimens sont digérés et rejetés par les excrétions; les humeurs et les sucs se portent, tantôt vers le haut, tantôt vers le bas; le cœur et les artères font leurs vibrations: enfin *pourquoi* tous les viscères, comme autant d'atteliers vivans, exécutent toutes leurs fonctions; et cependant tout cela, ainsi qu'une infinité d'autres choses, sans que le *sentiment* ait lieu et les fasse appercevoir. Mais les hommes n'ont pas eu la vue assez fine pour découvrir en quoi consiste l'action qui constitue la *sensation*; quel genre de corps, quelle durée, quel redoublement d'impression est nécessaire pour que le *plaisir* et la *douleur* s'ensuivent. Enfin ils nous paroissent ne connoître en aucune manière la différence qui existe entre le *sentiment* et la *perception*, ni savoir jusqu'à quel point la *perception* peut avoir lieu sans le *sentiment*. Et ce n'est pas ici une simple dispute de *mots*, mais une question de la plus grande importance. Ainsi cette doctrine, singulièrement utile et qui mène à une infinité de connoissances, mérite aussi des recherches plus approfondies. Car c'est encore l'ignorance sur ce point qui a eu assez de pouvoir sur quelques anciens philosophes, pour les porter à croire qu'une âme étoit répandue dans tous les corps sans distinction; ils ne concevoient pas comment un mouvement avec *choix* pouvoit avoir lieu sans le *sentiment*, ni comment le *sentiment* pouvoit avoir lieu sans une *ame*.

Quant à la *forme* de la *lumière*, qu'on n'ait pas fait sur ce sujet les recherches nécessaires, après tant de travaux sur la *perspective*, n'est-ce pas une négligence bien faite pour étonner? En effet, ni dans la *perspective*, ni ailleurs, on ne trouve de recherche qui mérite attention. On parle assez de la marche des rayons de la lumière; quant à ses *origines*, on n'en dit mot. Mais l'usage où l'on est de placer la *perspective* dans les *mathématiques*, est la véritable cause de cette omission, ainsi que d'une infinité d'autres, parce qu'on s'est trop tôt éloigné de la *physique*. Or, la manière dont on traite de la *lumière* et de ses *causes*, même quand on lui donne place dans la *physique*, est presque toujours superstitieuse. Il semble qu'on la regarde comme une substance moyenne entre les choses divines et les choses naturelles, et cela au point que tel Platonicien a avancé qu'elle étoit plus ancienne que la matière même; que l'espace étant une fois développé, il fut d'abord rempli par la *lumière*, puis par les corps de toute espèce. Tel est le conte qu'ils ont imaginé, quoique l'écriture sainte dise positivement que la masse ténébreuse du ciel et de la terre fut créée avant la lumière; mais dans les ouvrages où l'on traite ce sujet *physiquement*, et d'après les sensations, on se hâte de descendre aux détails de la marche des rayons, ensorte qu'il n'est point, sur ce sujet, de recherche vraiment *physique*. Les hommes auroient dû pourtant rabaisser un peu leur contemplation, et chercher ce qu'il y a de commun entre tous les corps *lumi-*

neux, c'est-à-dire la *forme* de la *lumière*. En effet, quelle différence infinie, quant à la matière (si nous les considérons par rapport à leur dignité), entre le *soleil* et le bois *pourri*, et même les écailles putréfiées des poissons. Ils auroient dû aussi chercher pourquoi certains corps étant chauffés, deviennent *lumineux*, et d'autres point. Pourquoi le fer, les métaux, les pierres, le verre, les bois, l'huile, le suif, sont enflammés par le feu, ou du moins poussés jusqu'au rouge; tandis que l'eau et l'air exposés à une chaleur très forte et comme furieuse, n'ont pourtant rien de *lumineux*, et sont sans éclat : que si quelqu'un, pour rendre raison de cette différence, prétendoit que le propre du *feu* est de *luire*, et que l'eau, ainsi que l'air, sont tout-à-fait ennemis du feu, cet homme là n'aura donc jamais été à la rame sur mer, durant une nuit obscure, et par un temps chaud; car alors il auroit vu les gouttes d'eau que le choc des rames fait sautiller, toutes brillantes et toutes lumineuses. C'est ce qu'on observe aussi dans l'écume d'une mer fort agitée, et ce qu'on appelle *poumon marin*. Enfin, qu'ont de commun avec la flamme et les corps rougis au feu, les *vers luisans*, les *lucioles*; et cette mouche de l'Inde, qui éclaire toute une chambre; et les yeux de certains animaux, qui étincellent dans les ténèbres; et le sucre, qui brille lorsqu'on le rape ou le broie; et la sueur de certain cheval galopant durant la nuit, sueur qui étoit toute lumineuse; et une infinité de phénomènes semblables. Il y a plus : les hommes ont des vues si bornées sur ce sujet, qu'ils s'imaginent que ces étincelles qu'on tire d'un caillou, sont de l'air enflammé par le frottement. Cependant, puisque l'air ne prend point *feu*, et qu'il ne laisse pas de devenir sensiblement *lumineux*; comment se peut-il que les hiboux, les chats et quelques autres animaux, voient durant la nuit? Il faut bien supposer que l'air même (car la vision ne peut avoir lieu sans la lumière), que l'air, dis-je, recèle une certaine *lumière native* et originelle, quoique foible et peu sensible ; lumière qui pourtant étant proportionnée à leurs rayons visuels, les met en état de voir durant la nuit. Mais la source de cette erreur et d'une infinité d'autres, est que les hommes ne s'attachent pas assez aux faits particuliers, pour en extraire les *formes communes* des natures (1), *formes* que nous avons constituées comme le sujet propre de la *métaphysique*, qui n'est elle-même qu'une partie de la *physique*, ou de la *science de la nature*. Ainsi, il faut faire de la *forme et des causes de la lumière*, un sujet de nouvelles recherches, et en attendant, la classer parmi les *choses à suppléer*. Voilà donc ce que nous avions à dire sur la doctrine de la *substance de l'ame,* tant *rationelle* que *sensitive*, considérée avec ses *facultés*, et sur les *appendices* de cette science.

―――――――――――――――――

(1) Manières d'être, qualités, modes.

LIVRE V.

CHAPITRE PREMIER.

Division de la doctrine sur la destination et les objets des facultés de l'ame humaine, en logique et morale. Division de la logique en art d'inventer, de juger, de retenir et de transmettre.

LA *doctrine de l'entendement,* roi plein de bonté, et cette autre qui a pour objet la *volonté de l'homme,* sont, à leur naissance, comme deux sœurs *jumelles.* En effet, la *pureté d'illumination* et la *liberté de volonté,* n'ont eu qu'un même commencement et qu'une même fin, et il n'est point, dans l'immensité des choses, de sympathie plus intime que celle du *vrai* et du *bon :* raison de plus pour les savans de rougir de honte, si, étant, par leur science, comme autant d'anges ailés, ils sont, par leurs passions, comparables à des serpens, rampant à terre, et promenant leurs ames à la ronde ; semblables, il est vrai, à un *miroir*, mais à un *miroir taché*.

Passons donc à la doctrine qui a pour objet la *destination et les objets des facultés de l'ame* : elle a deux parties, toutes deux fort connues, et généralement reçues ; savoir : la *logique* et la *morale;* cependant comme nous avons déja dégagé de la masse la *science civile,* qu'on place ordinairement dans la *morale* comme en étant une partie, et que nous l'avons déja constituée comme *science complette de l'homme, rassemblé ou vivant en société*, nous ne traitons ici que de l'homme *isolé*. La logique a pour objet l'*entendement* et la *raison :* la morale considère la *volonté,* l'*appétit* et les *affections*. L'une enfante les *résolutions;* l'autre, les *actions*. Il n'en est pas moins vrai que, dans l'un et l'autre département, l'imagination fait l'office d'une sorte de messager, d'entremetteur, allant et revenant sans cesse de l'un à l'autre. Car le sens livre à l'imagination (1) les images de toute espèce; images dont ensuite la raison juge. Mais réciproquement, la raison, après les avoir choisies et approuvées, les transmet à l'imagination, avant l'exécution du décret. Car le mouvement volontaire est toujours précédé et excité par l'imagination (2) : ensorte que l'imagination est pour toutes deux, tant pour la raison que pour la volonté, un instrument commun, à moins qu'on ne la regarde comme une sorte de *Janus* à deux visages, tournés de deux côtés opposés : la face tournée vers la *raison* offre l'image de la *vérité;* et la face tournée vers la *volonté,* présente l'image de la *bonté;* deux

_____

(1) Il prend ici la mémoire pour l'imagination.

(2) La volonté est une sorte d'élan pour s'unir à l'objet dont l'image a plu, ou pour l'approcher de soi; ou pour fuir l'objet dont l'image a déplu, ou le repousser : car tous les mouvemens appellés intellectuels et moraux, répondent un à un aux mouvemens physiques; c'est-à-dire, que les enfans ressemblent au père, et le père aux enfans.

visages qui sont tels *que doivent être ceux de deux sœurs.* Or, l'imagination n'est pas un simple messager ; mais elle reçoit ou usurpe une autorité qui n'est pas petite, outre son office de porteur d'ordres ; car c'est avec raison qu'Aristote a dit : *l'empire que l'ame sensitive exerce sur le corps, est semblable à celui qu'un maître exerce sur son esclave ; mais la raison commande à l'imagination, comme, dans une cité libre, le magistrat commande au citoyen ;* c'est-à-dire, comme à un homme qui peut commander à son tour. Nous voyons en effet, que, dans les choses qui concernent la foi et la religion, l'imagination s'élève au-dessus de la raison même. Non que l'illumination divine ait lieu dans l'imagination ; car ce seroit plutôt dans le fors de l'esprit et de l'entendement : mais de même qu'en fait de *vertus,* la grace divine use des mouvemens de la *volonté ;* de même aussi, dans les *illuminations,* la grace divine use des mouvemens de *l'imagination.* Voilà pourquoi la religion s'efforça toujours de se frayer le chemin dans les esprits, par le moyen des *similitudes*, des *types*, des *paraboles*, des *visions* et des *songes*. De plus, l'empire de l'imagination n'est pas moins grand dans l'art de *persuader*, et lorsqu'il s'agit d'insinuer les opinions par la force de l'éloquence. Lorsque, par la magie du discours, les ames sont flattées, enflammées, entraînées à droite et à gauche au gré de l'orateur, il n'obtient tous ces effets qu'en éveillant l'imagination, qui, se méconnoissant alors, ne se contente pas d'insulter à la raison; mais lui fait même une sorte de violence, partie en l'aveuglant, partie en l'aiguillonnant. Néanmoins je ne vois aucune raison pour nous écarter de notre première division. Car, à proprement parler, l'imagination n'enfante aucune science, vu que la *poésie* que, dès le commencement, nous avons attribuée à *l'imagination*, doit plutôt être regardée comme un *jeu d'esprit*, que comme une *science*. S'agit-il de la puissance de *l'imagination* dans les choses naturelles? nous l'avons assignée, il n'y a qu'un moment, à la *doctrine de l'ame*. Mais s'il s'agit du rapport qu'elle a avec la rhétorique, nous renvoyons ce sujet à cet art même dont nous parlerons plus bas.

Quant à cette partie de la *philosophie humaine*, qui se rapporte à la *logique*, il est une infinité d'esprits dont elle ne flatte guère le goût et le palais; elle ne leur paroît qu'une sorte de subtilité épineuse, de piége, de filet. Et, de même qu'on a raison de dire que la *science est l'aliment de l'ame*, l'on peut dire aussi que, lorsqu'il s'agit d'appéter et de choisir cet aliment, la plupart ont un palais semblable à celui des Israélites dans le désert, lesquels soupiroient après les marmites pleines de chair, et brûloient d'y retourner; s'étant déja dégoûtés de la manne, qui, toute céleste qu'elle étoit, leur sembloit moins savoureuse et moins appétissante. C'est ainsi qu'ordinairement les sciences qu'on goûte le plus, sont celles qui ont quelque chose de plus succulent, de plus substantiel, telles que sont l'*histoire* civile, la *morale* et la *politique*; sciences qui intéressent nos *passions*, nos réputations, nos fortunes, et qui, à ce titre, excitent plus aisément notre attention. Mais cette *lumière sèche* de la logique offense la plupart des esprits, et semble les brûler. Au reste, si nous voulons mesurer chaque chose sur son degré d'importance, nous trouverons que les *sciences rationelles sont les clefs de toutes les autres*; et de même que *la main est l'instrument des instrumens*, et *que l'ame est la forme des formes*, de même aussi ces genres dont nous parlons, sont les *arts de tous les arts*. Et leur effet n'est pas seulement de *diriger*, mais encore de *fortifier*; comme l'effet de l'habitude de tirer de l'arc, n'est pas seulement d'apprendre à tirer plus juste, mais encore à tendre un arc plus fort.

La *logique* se divise en quatre arts différens; division qui se tire des différentes fins auxquelles elle peut tendre : car, dans les choses où l'homme use de sa *raison*, ou il *trouve* ce qu'il a *cherché*; ou il *juge* ce qu'il a *trouvé*; ou il *retient* ce qu'il a *jugé*; ou enfin il *transmet* ce qu'il a *retenu*. Il y a donc nécessairement tout autant d'*arts rationels*; savoir : l'art de *chercher*, ou de l'*invention*; l'art de *juger*, ou du *jugement*; l'art de *retenir*, ou de la *mémoire*; enfin l'art de *parler*, ou de la *transmission*; arts que nous allons considérer chacun séparément.

CHAPITRE II.

*Division de l'*inventive *en inventive des arts et* inventive *des argumens. Qu'il nous manque la première de ces deux parties qui tient le premier rang. Division de l'inventive des arts en expérience guidée et nouvel organe. Esquisse de l'expérience guidée.*

IL est deux espèces d'*inventions*, qui diffèrent beaucoup entr'elles. L'une est l'*invention des arts* et des *sciences ;* l'autre, celle des *argumens* et des *discours*. Nous prononçons que la première de ces deux parties *manque* absolument ; déficit qui nous paroît fort semblable à celui qu'on annonceroit, si, après avoir fait l'inventaire des biens d'un homme qui vient de mourir, on venoit dire : *d'argent comptant, point du tout;* car, comme à l'aide de l'argent on acquiert aisément tout le reste, de même cet art-ci sert à acquérir tous les autres. Et de même qu'on n'eût jamais pu découvrir les *indes occidentales,* si l'invention de la boussole n'eût précédé ; quoiqu'il y ait bien peu de proportion entre l'étendue de ces régions immenses et le léger mouvement de cette aiguille : on ne doit pas non plus être étonné que, lorsqu'on a tenté d'avancer les *arts,* et d'y faire des découvertes, on n'ait pas fait de fort grands progrès, puisque l'art *d'inventer les sciences* et d'y *voyager,* est encore ignoré.

Que cet art nous manque, c'est ce dont

personne ne disconvient. Car d'abord la *dialectique* ne fait point profession d'*inventer* les *arts*, soit les *arts méchaniques*, soit ceux qu'on qualifie de *libéraux*; elle n'y pense même pas : ni même de déduire les procédés qui font partie des premiers, ou d'extraire les axiômes qui appartiennent aux derniers. Mais elle parle aux hommes comme en passant, et les congédie en leur criant qu'il faut s'en *rapporter*, sur *chaque art*, à *ceux qui l'exercent*. Celse, qui n'est pas seulement un grand médecin, mais de plus un homme d'un *grand sens*, quoique chacun soit dans l'habitude de se répandre en éloges sur son art, ne laisse pas, en parlant des sectes de médecins, soit empyriques, soit dogmatiques, de faire cet aveu avec autant d'ingénuité que de gravité. *Les médicamens*, dit-il, *et les remèdes furent d'abord inventés; puis on disputa sur leurs causes et leurs raisons : et il ne faut pas s'imaginer qu'on ait, en suivant l'ordre contraire, tiré de l'observation de la* nature, la connoissance des causes, puis profité de leur lumière pour inventer les remèdes. Platon nous dit aussi, (et il y revient à chaque instant) : *Que le nombre des faits particuliers est infini; que, d'un autre côté, les idées générales fournissent des documens moins certains; qu'ainsi toute la moëlle des sciences, que ce qui distingue le maître d'avec le novice dans chaque art, se trouve dans les propositions moyennes que, dans chaque science, l'on doit aux leçons de l'expérience.* Il y a plus : ceux qui ont parlé des premiers inventeurs en tout genre, et de l'origine des sciences, en ont fait honneur au *hazard*, plutôt qu'aux *hommes*, et ont représenté les animaux brutes, quadrupèdes, oiseaux, poissons, reptiles, comme ayant été, plus que les hommes, nos maîtres dans les sciences.

La mère des dieux cueille le dictame sur le mont Ida;

Le dictame qui se couvre de feuilles

nouvelles, et qu'on reconnoît au chevelu de ses feuilles purpurines;

Cette plante, la chèvre capricieuse sait bien la trouver, lorsque la flèche rapide s'est attachée à son flanc;

Ensorte que, comme les anciens étoient dans l'usage de consacrer les inventeurs des choses utiles, il n'est nullement étonnant que, chez les *Égyptiens*, nation ancienne, à qui un grand nombre d'arts doivent leur origine, les temples fussent tout remplis d'effigies d'animaux, et presque vides d'effigies d'hommes.

Les figures monstrueuses de dieux de toute espèce, et Anubis aboyant, vis-à-vis Neptune, Venus et Minerve.

Que si, d'après la tradition des Grecs, vous aimez mieux faire honneur aux hommes de l'invention des arts, encore n'oseriez-vous dire que Prométhée dut à des spéculations la connoissance de la manière d'allumer du feu; et qu'au moment où il frappoit un caillou pour la première fois, il s'attendoit à voir jaillir des étincelles. Mais vous avouerez bien qu'il ne dut cette invention qu'au hazard, et que, suivant l'expression des poëtes, *il fit un larcin à Jupiter:* ensorte que, par rapport à l'invention *des arts*, c'est à la chèvre sauvage que nous devons celle des emplâtres; au rossignol, celle des modulations de la musique; à la cicogne, celle des lavemens; à ce couvercle de marmite qui sauta en l'air, celle de la poudre à canon; en un mot, c'est au hazard, et à toute autre chose qu'à la *dialectique*, que nous avons obligation de toutes ces découvertes. Et une méthode d'invention qui ne diffère pas beaucoup de celle dont nous parlons ici, c'est celle dont Virgile donne l'idée, lorsqu'il dit :

Afin que le long usage, à force de méditer sur un même sujet sans cesse rebattu, inventât les arts peu à peu.

Car la méthode qu'on nous propose ici, n'est autre que celle dont les brutes mêmes sont capables, et qu'elles emploient fréquemment; je veux dire, une attention soutenue, une perpétuelle sollicitude, un exercice sans relâche par rapport à une seule chose; méthode dont le besoin même de se conserver fait à ces animaux une loi et une nécessité. Ce n'est pas avec moins de vérité que Cicéron dit : *le long usage d'un homme adonné à une seule chose, peut triompher de la nature et de l'art.* Si donc on dit de l'homme :

Il n'est point de difficulté que ne surmonte le travail opiniâtre, et l'indigence que presse l'aiguillon de la dure nécessité;

On fait aussi, par rapport aux brutes, les questions suivantes :

Qui a appris au perroquet à dire *bonjour?* Quel étoit le conseiller de ce corbeau qui, durant une grande sécheresse, jetoit de petits cailloux dans le creux d'un arbre, où il avoit apperçu de l'eau, pour faire monter le niveau à portée de son bec? Qui a montré le chemin aux abeilles qu'on voit traversant les plaines de l'air comme un vaste océan, et parcourant les champs fleuris, quoique fort éloignés de leurs ruches, puis revenant à leurs rayons?

Qui a appris à la fourmi à ronger d'abord tout autour le grain qu'elle serre dans son petit magasin; de peur que ce grain, venant à germer, ne trompe ainsi ses espérances (1)? Que si, dans ce vers de Virgile, nous arrêtons notre attention sur ce mot, *rebattu*, qui exprime si bien la *difficulté* de la chose; et sur cette autre expression, *peu à peu*, qui en indique la *lenteur*, nous reviendrons précisément au point d'où nous sommes partis, c'est-à-dire, à ces *dieux des Égyptiens*; vu que jusqu'ici les hommes, pour faire des découvertes, n'ont fait que très peu d'usage de leur raison, et n'ont en aucune

---

(1) Après avoir long-temps admiré l'activité et la prévoyance de la fourmi, et l'avoir proposée pour modèle aux fainéans, on s'est enfin avisé de fouiller dans une fourmillière, durant l'hiver, pour voir ce que tous ces petits animaux faisoient là, et on les a trouvés tous engourdis, comme ce paresseux auquel on les opposoit; ensorte que cette manie d'amasser durant tout l'été, semble n'être, dans les fourmis, qu'une sorte d'avarice d'instinct.

manière employé, pour les faire, le secours de l'art.

En second lieu, une preuve de cela même que nous avançons ici, pour peu qu'on approfondisse ce sujet, c'est cette forme d'*induction* que propose la *dialectique*, et qui, selon elle, doit diriger l'entendement, lorsqu'il s'agit d'*inventer* ou de *vérifier* les principes; forme tout-à-fait vicieuse et incompétente. Et tant s'en faut qu'elle ait le pouvoir d'achever l'ouvrage de la nature, qu'au contraire elle ne fait, pour ainsi dire, que la tordre et la renverser; car si, d'un œil pénétrant, l'on envisage la méthode qu'il faut suivre, pour recueillir cette rosée céleste des sciences; rosée semblable à celle dont le poëte dit :

Le miel, présent des cieux et des habitans de l'air;

vu que les sciences elles-mêmes sont extraites des faits particuliers, soit naturels, soit artificiels, comme le miel est extrait des fleurs des champs ou des jardins, on trouvera certainement que l'esprit abandonné à lui-même, fait, en vertu de sa force native, des *inductions* beaucoup plus parfaites, que celle dont les dialecticiens nous donnent l'idée (1);

___

(1) Voici quelle est à peu près la marche inductive que nous suivons naturellement, et guidés par la seule expérience. Lorsqu'après avoir employé un moyen sous une seule espèce de formes, et dans une seule espèce de cas, nous avons trouvé qu'il produisoit toujours un certain effet, nous doutons encore qu'il ait, sous toutes les formes et dans tous les cas, la faculté de le produire. Mais si, après avoir varié, autant qu'il est possible, et les formes de ce moyen, et les circonstances où nous en faisons usage, nous trouvons que, sous toutes les formes et dans toutes les circonstances il produit l'effet en question, et que cet effet n'a jamais lieu sans ce moyen : alors, considérant ce qui est commun à toutes les formes de ce moyen et à toutes les circonstances où il a été employé, nous appellons cela, *la cause, ou raison, nécessaire et suffisante* de l'effet proposé. Or, c'est à peu près à cela que revient la méthode exposée dans le *Novum Organum*, dont nous donnerons bientôt la traduction; avec cette différence que la

attendu que, conclure de la simple énumération des faits particuliers, lorsqu'on ne rencontre point de fait contradictoire à la proposition qu'on veut établir (ce qui est la méthode ordinaire des dialecticiens), c'est tirer une conclusion très vicieuse, et que, d'une induction de cette espèce, il ne peut résulter qu'une conjecture probable. Car qui peut s'assurer que, tandis qu'il n'envisage que d'un seul côté favorable à son opinion, les faits particuliers qu'il connoît ou qu'il se rappelle, il ne lui échappe pas quelqu'autre fait plus caché qui combat cette opinion ?

---

méthode naturelle est vague, incomplette, et qu'on la suit sans y penser. Au lieu que la méthode artificielle est distincte, déterminée, plus fortement prononcée, plus complette, et qu'en la suivant, on sait qu'on la suit : ce qui donne à l'esprit plus d'assurance et de fermeté. Car nos méthodes ne sont que la collection des moyens qu'un instinct de besoin ou de curiosité nous a fait découvrir successivement, et que nous avons assez bien observés pour pouvoir les employer à volonté dans des circonstances semblables.

C'est comme si Samuel se fût contenté de voir ceux des fils d'Isaï qui étoient à la maison et qu'on avoit amenés en sa présence, et qu'il n'eût pris aucune information au sujet de David qui étoit alors dans les champs. Cette *forme d'induction*, s'il faut dire la vérité toute entière, est si superficielle et si grossière, qu'il sembleroit incroyable que des esprits aussi pénétrans et aussi subtils que ceux qui ont tourné leurs méditations de ce côtélà, aient pu la produire dans le monde, si l'on ne savoit combien ils étoient pressés d'établir leurs dogmes et leurs théories, abandonnant les faits particuliers par une sorte de dédain et de faste mal placé, et sur-tout n'aimant point à s'y arrêter pendant un certain temps; car ils ne se servoient de ces exemples et de ces faits particuliers, que comme d'autant de licteurs et d'appariteurs, pour écarter la multitude et frayer le chemin à leurs dogmes; au lieu de les appeller, pour ainsi dire, au conseil dès le commencement, afin de ne rien arrêter qui ne fût conforme aux loix de la nature, et de bien mûrir leurs délibérations. Certes on ne peut se défendre d'une sorte d'étonnement religieux, quand on voit que, dans les choses divines et humaines, on a suivi ces mêmes traces qui conduisent à l'erreur. Car de même que, lorsqu'il s'agit de concevoir la divine vérité, on a peine à prendre assez sur soi pour redevenir, en quelque manière, enfant; c'est ainsi qu'à ceux qui ont déja fait des progrès dans les connoissances humaines, ce modeste soin de relire et de remanier les élémens des inductions, et d'épeler, pour ainsi dire, à la manière des enfans, semble une occupation basse et presque méprisable.

En troisième lieu, quand on accorderoit que les principes des sciences peuvent être établis à l'aide de cette *induction* qui est en usage, ou par le seul secours des sens et de l'expérience; il n'en seroit pas moins vrai que, dans les choses naturelles et participantes de la matière, le *syllogisme* n'est point une forme assez exacte et assez sûre pour déduire les axiômes inférieurs. Et tout ce qu'on peut faire par le moyen du syllogisme, c'est de ramener les propositions aux principes, à l'aide des propositions moyennes. Or, cette forme de preuve ou d'invention doit avoir lieu dans les sciences populaires; telles que la *morale*, la *politique*, les *loix*, et même en *théologie*; puisqu'il a plû à la bonté divine de s'accommoder à la foiblesse de l'entendement humain. Mais si, en physique, où il s'agit de lier la nature par les œuvres, et non d'enlacer un adversaire par des argumens, l'on s'en tient au syllogisme, la vérité échappe des mains, attendu que la subtilité du discours ne peut jamais égaler celle des opérations de la nature. Ensorte que le syllogisme succombant tout-à-fait, il faut en revenir à l'*induction*; mais à la *véritable induction*, veux-je dire, à l'induction corrigée, tant pour les principes les plus généraux, que pour les propositions moyennes. Car le syllogisme est composé de propositions; les propositions le sont de mots, et les mots sont comme les *étiquettes* des notions. Or, si les notions mêmes, qui sont comme l'ame des mots, sont extraites au hazard et sans une méthode fixe, tout l'édifice croule de lui-même. Et il ne faut pas croire qu'on puisse, par un laborieux examen des conséquences des argumens, ou de la vérité des propositions, réparer entièrement le mal; attendu que, comme disent les médecins, l'erreur est dans la *première digestion*, qui ne peut être rectifiée par les fonctions ultérieures. Ainsi, ce n'est pas sans des raisons puissantes et faciles à appercevoir, qu'un grand nombre de philosophes, et quelques-uns même des plus célèbres, devenant *académiciens* et *sceptiques*, ont pris le parti de nier la certitude des sciences et des principes; prétendant que, sur ce point, on ne pouvoit atteindre tout au plus qu'au degré de la vraisemblance et de la probabilité. Je ne disconviendrai pourtant pas que quelques-uns aient pensé que Socrate, lorsqu'il renonçoit à toute certitude dans les sciences, ne le faisoit que par ironie; et qu'en dissimulant ainsi sa propre science, il vouloit en donner une plus haute idée; feignant d'ignorer ce qu'il savoit, afin de paroître savoir ce qu'il ignoroit. Et même, dans la nouvelle académie, dont Cicéron adopta les idées, ce n'étoit rien moins qu'avec sincérité qu'on défendoit cette opinion de l'*acatalepsie*. Car ceux qui se distinguoient par leur éloquence, ne manquoient pas de préférer cette secte, afin de faire parade de leur fécondité, en défendant le pour et le contre. Voilà comment ils s'écartèrent de ce droit chemin qu'ils devoient suivre pour aller à la vérité; se promenant, pour ainsi dire, dans les divers genres de connoissances, et n'en faisant qu'un objet d'amusement. Il est certain néanmoins que quelques-uns par-ci-parlà, dans l'ancienne académie et dans la nouvelle; mais beaucoup plus encore parmi les sceptiques, tenoient ce dogme de l'*acatalepsie*, *formellement* et dans toute sa rigueur. Leur plus grand tort en cela étoit de calomnier les perceptions des sens ; ce qui n'alloit pas à moins qu'à déraciner toutes les sciences. Or, quoique les sens ne nous trompent que trop souvent, ou nous laissent en défaut, ils peuvent néanmoins, à l'aide d'une certaine industrie, suffire pour les sciences ; et cela non pas tant par le moyen des instrumens (quoique cela même puisse être de quelque utilité), mais à l'aide d'expériences de telle nature, qu'à des objets trop subtils qui échappent aux sens, soient substitués des objets de même espèce, sur lesquels les sens puissent avoir prise. Mais ce qui peut se trouver de défectueux dans cette partie, ils devoient plutôt l'imputer tant aux erreurs de l'entendement, qu'à cet esprit de rébellion qui fait qu'on ne veut pas s'assujettir aux choses mêmes ; et l'attribuer aussi aux mauvaises démonstrations et à ces fausses règles d'après lesquelles on veut raisonner et tirer des conclusions des perceptions des sens. Quand nous parlons ainsi, ce n'est pas pour déprimer l'entendement, ou pour engager à abandonner l'entreprise ; mais bien afin qu'on tâche de préparer et de fournir à l'entendement de puissans secours, qui le mettent en état de surmonter les difficultés des sciences et l'obscurité de la nature. Car il n'est point d'homme qui ait la main assez sûre et assez exercée, pour être en état de tirer une ligne bien droite, ou de tracer un cercle parfait, à l'aide de cette main seule; et c'est pourtant ce qu'il n'auroit pas de peine à faire à l'aide d'une règle ou d'un compas. C'est à ce but-là même que tendent tous nos efforts; ce sont des instrumens de cette espèce que nous préparons. Nous voulons, par ce moyen, mettre l'esprit au niveau des choses mêmes. Notre vœu est d'inventer un certain art d'*indiquer* et de *diriger*, qui serve, soit à découvrir les autres arts et leurs axiômes, soit à les produire à la lumière; car nous ne sommes que trop fondés à décider que cet art *est à suppléer.*

Or, cet art *de l'indication* (c'est le nom que nous lui donnons) a deux parties. Car l'esprit, en profitant des indications, marche, ou de certaines expériences à d'autres expériences ; ou des expériences aux axiômes, qui eux-mêmes ensuite indiquent de nouvelles expériences. Quant à la première de ces deux parties, nous la qualifions d'*expérience guidée;* et nous donnons à la seconde le nom d'*interprétation* de la *nature,* ou de *nouvel organe*. La première, comme nous l'avons déja fait entendre en passant, ne peut être regardée comme un *art,* comme une partie de la *philosophie;* c'est plutôt une sorte de sagacité. Et c'est pourquoi nous l'appellons quelquefois la *chasse de Pan* (en empruntant ce nom à la fable) : cependant, de même qu'un homme, lorsqu'il se transporte d'un lieu à un autre, peut marcher de trois manières. Car ou il va *tâtonnant dans les ténèbres :* ou *y voyant peu lui-même, il se laisse conduire par la main :* ou il *se sert d'une lumière pour éclairer sa marche*. De même, *lorsque l'on tente des expériences de toute espèce,* sans suite et sans méthode, ce n'est là qu'un pur *tâtonnement*. Mais, lorsqu'on *fait des expériences avec un certain ordre* et une *certaine direction*, c'est alors comme si l'on étoit *mené par la main*. Or, c'est cela précisément que nous entendons par *expérience guidée*. Car, pour ce qui est de la *lumière* même, qui est le troisième point, c'est de l'*interprétation de la nature* et du *nouvel organe* qu'il faut la tirer.

L'*expérience guidée, ou la chasse de Pan*, traite des différentes manières de faire des expériences. Comme nous avons décidé qu'elle *manquoit*, et que d'ailleurs ce n'est pas de ces choses qu'on puisse saisir au premier coup d'œil, nous allons en donner quelque idée, suivant notre coutume et conformément à notre plan. Les principaux procédés de la *méthode expérimentale* sont les suivans. *Variation de l'expérience, prolongation de l'expérience, translation de l'expérience, renversement de l'expérience, compulsion de l'expérience, application de l'expérience, copulation de l'expérien-*

ce, enfin hazards de l'expérience. Or, tous ces procédés doivent s'arrêter en-deçà du point où commence la découverte de tel ou tel axiôme. Or, cette autre partie, qui traite du *nouvel organe*, réclame toute opération où l'esprit marche des expériences aux axiômes, ou des axiômes aux expériences.

La *variation de l'expérience* peut avoir lieu, 1°. par rapport à la *matière*; je veux dire, quand une expérience déjà connue, mais où l'on s'est presque toujours attaché à une certaine espèce de matière, est tentée sur d'autres matières *analogues* à ces premières. C'est ainsi que, pour la *fabrique du papier*, on n'a encore fait d'essai que sur le linge; et point du tout sur les tissus de soie, si ce n'est peut-être à la Chine (1); ni sur ces matières filandreuses, composées de soies

---

(1) Les Chinois en fabriquent aussi avec l'écorce intérieure du bambou; j'en ai apporté de Canton plusieurs cahiers de cette espèce, sur lesquels sont écrits mes journaux de navigation.

et de poils d'animaux, dont on fabrique ce que nous appellons le *camelot*; ni enfin sur les tissus de laine et de coton, ou sur les peaux; quoique ces trois espèces de matières, comparées avec les premières, puissent paroître trop hétérogènes. Aussi seroient-elles peut-être moins utiles, employées seules, que mêlées avec ces premières. De même la *greffe* sur les *arbres à fruit* est en usage; mais la greffe sur les arbres sauvages a été rarement tentée. On dit pourtant que l'orme, enté sur un autre orme, donne de très belles feuilles et un ombrage admirable. La greffe des plantes à fleur est aussi fort rare; cependant on a commencé à l'essayer sur les roses musquées, qu'on a greffées sur des roses communes, et cet essai a réussi. Nous rangeons aussi parmi les *variations dans la matière, les variations d'une partie à l'autre du sujet.* Nous voyons, par exemple, qu'un rejeton inséré dans le tronc d'un arbre, pousse mieux que si on l'eût mis dans la terre. Mais une graine d'oignon, insérée dans la tête d'un autre oignon, ne germeroit-elle pas mieux que mise simplement dans la terre? Or, ici la *variation* consiste à *substituer la racine au tronc;* ensorte que c'est une sorte de greffe dans la racine. 2°. La *variation* peut avoir lieu dans *la cause efficiente.* Par exemple, l'intensité de la chaleur des *rayons du soleil* est augmentée par le moyen des *miroirs brûlans,* au point d'enflammer des matières très combustibles; je demande si l'action des *rayons* de la *lune* (1) ne pourroit pas, à l'aide de ces mêmes miroirs, être augmentée au point de produire un foible dégré de chaleur; afin de savoir si tous les corps célestes ont la faculté d'échauffer? De même les mi-

---

(1) Cette tentative a été faite. On a projeté sur la boule d'un thermomètre très sensible, les rayons de la lune, réunis à l'aide de miroirs et de lentilles de fort grandes dimensions; mais la liqueur de l'instrument est restée immobile. Si l'on cherche par le calcul quelle doit être à peu près la force des rayons solaires, après la dispersion et le déchet qu'ils éprouvent par leur réflexion sur cette planète, on trouve le même résultat.

roirs brûlans augmentent l'intensité des chaleurs *rayonnantes*; les *chaleurs opaques*, telles que sont celles des métaux et des pierres, avant qu'ils soient chauffés jusqu'au point de l'incandescence; ces chaleurs, dis-je, seroient-elles susceptibles d'être augmentées par le moyen de ces miroirs? ou faut-il croire plutôt que la lumière a ici quelque part? De même le *succin* et le *jais étant frottés*, attirent les pailles: les attireroient-ils encore, si on les chauffoit un peu en les approchant du feu? 3°. La *variation de l'expérience* peut avoir lieu dans la *quantité de matière*, et c'est ce qui exige bien des précautions et de petites attentions, ce sujet étant tout environné d'erreurs. Car on croit communément qu'il suffit d'augmenter la quantité de matière, pour augmenter proportionnellement la *vertu* au prorata. Et ce préjugé, on en fait une *supposition*, une *demande*, comme s'il avoit toute la *certitude mathématique;* ce qui est pourtant absolument faux. *Une balle de plomb* d'une livre, qu'on laisse tomber du haut d'une tour, emploie un certain temps à descendre, supposons celui de dix battemens de pouls; une balle de deux livres (balle où cette force, ce mouvement, qu'on qualifie de *naturel*, doit être doublé) frappera-t-elle la terre après cinq battemens de pouls? Non; le temps de sa chûte sera presque égal à celui de la première, et son mouvement ne sera nullement augmenté en raison de l'*augmentation de sa masse* (1). De même une dragme de soufre, par exemple, mêlée avec une demi-livre d'acier, le liquéfie et le rend coulant; une once de soufre, mêlée avec quatre livres d'acier, suffira-t-elle pour les liquéfier?

---

(1) Elle tombera un peu plus vite que la première balle; parce qu'ayant, à proportion de sa solidité, moins de surface que la première, la quantité de mouvement qu'elle perdra par la résistance de l'air, sera beaucoup moindre, par rapport à la quantité totale de son mouvement, que la quantité de mouvement perdue par la première, en vertu de la même cause, ne le sera par rapport à son mouvement total.

Voilà ce qu'on demande : mais le fait ici n'est nullement d'accord avec le raisonnement. Car il est certain que, lorsqu'on augmente proportionnellement la *quantité de matière* de l'*agent* et du *patient*, *la qualité réfractaire de la matière* augmente *en plus grande proportion* dans le *patient*, que la *vertu* dans l'*agent* (1) : ainsi le *trop* ne fait pas moins illusion que le *trop peu*. En effet, dans la *dépuration*

_____

(1) Toutes choses égales d'ailleurs, un agent exerce d'autant *plus pleinement* son action sur le sujet qui y est soumis, que ce sujet lui donne *plus de prise*. Or, toutes choses égales, plus le sujet qu'un agent attaque extérieurement, a de *surface*, plus il donne de prise à cet agent ; par exemple : il lui présente *plus de pores* par lesquels il peut s'insinuer ; mais les petits corps ont, en proportion de leur solidité, *plus de surface* que les grands, puisque les *surfaces* ne croissent que comme les quarrés des diamètres ; tandis que les solidités croissent comme les cubes de ces mêmes diamètres. Ainsi, toutes choses égales, dans les petites quantités, l'agent doit avoir plus de prise sur le patient, et exercer sur lui plus pleinement son action C. Q. F. D.

et l'*affinage* des métaux, une erreur très ordinaire, c'est que, pour avancer l'opération, on augmente la chaleur du fourneau, ou la quantité de cette matière qu'on jette dans le creuset avec le métal; mais ces deux choses, augmentées outre mesure, nuisent à l'opération; car, par leur grande activité et leur force pénétrante, elles convertissent en fumée une grande partie du métal pur, et en s'exhalant elles-mêmes, l'emportent avec elles; de manière qu'il en résulte un déchet, et que la masse restante n'en devient que plus dure et plus réfractaire. Ainsi on ne devroit jamais perdre de vue cette plaisanterie d'Ésope sur une femme qui espéroit avoir deux œufs au lieu d'un en doublant la mesure d'orge qu'elle donnoit chaque jour à sa poule. Mais qu'en arriva-t-il? La poule engraissa et ne pondit plus. Ainsi il ne faut pas trop faire fonds sur quelque expérience que ce soit, à moins qu'on n'ait éprouvé les effets de la plus grande et de la plus petite quantité. En voilà assez sur la *variation* de l'expérience.

La *prolongation* de l'expérience peut avoir lieu de deux manières; par *répétition*, ou par *extension*; c'est-à-dire, qu'on peut, ou simplement *réitérer l'expérience*, ou la *pousser jusqu'à un certain degré de subtilité*. Voici un exemple de la *répétition*. L'*esprit de vin* (1) est le produit d'une seule distillation du vin; et il est plus actif et plus fort que le vin même. On demande actuellement si l'esprit de vin même distillé et sublimé, ne deviendroit pas encore plus fort ? Mais cette répétition donne aussi lieu à des méprises. Car tantôt l'effet de la seconde distillation n'égale pas celui de la première : tantôt l'effet de ces *réitérations* de l'expérience, est qu'après que l'opération est arrivée à un certain *état*, à un certain *maximum*, la nature, loin *d'aller en avant*, commence *à rétrograder :* ainsi cette sorte de procédés exige beaucoup de discernement. Le *mercure*,

---

(1) Il veut dire l'eau-de-vie.

enveloppé dans un linge, ou dans toute autre chose, et placé dans le milieu du plomb fondu, au moment où ce dernier métal commence à se réfroidir, se fixe et cesse d'être coulant. Il s'agit de savoir si ce mercure, souvent plongé ainsi et avec les mêmes conditions, finiroit par se fixer au point de devenir malléable (1). Voici un exemple de l'*extension* : si dans un vase, en partie rempli de vin mêlé d'eau, on plonge un autre vase contenant de l'eau seulement dans sa partie supérieure, où elle soit comme suspendue, et qui soit terminé par un tuyau fort étroit et d'une certaine longueur; le tuyau, dis-je, étant plongé dans le vase inférieur, l'eau se séparera du vin; le vin gagnant peu à peu le haut du vase supérieur, et l'eau allant occuper le fond du vase inférieur. On demande si de mê-

―――――

(1) Il me semble que celui qui avoit fait ce premier essai, auroit mieux fait de le réitérer, et de résoudre lui-même la question, que de nous la faire, et de rester dans le doute à cet égard.

me que le vin et l'eau, qui sont deux corps d'espèces différentes, sont séparés par ce moyen, les parties les plus subtiles du vin, qui ne forme qu'un seul corps, pourroient aussi être séparées des parties les plus grossières; de manière qu'il se fît une sorte de distillation par le moyen du seul poids, et qu'on trouvât, au haut du vase supérieur, une liqueur approchante de l'esprit de vin, mais peut-être plus délicate? De même *l'aimant attire un morceau de fer entier.* Il s'agit de savoir si un morceau d'aimant plongé dans une dissolution de fer, attireroit encore les particules du fer, et s'envelopperoit d'une croûte de ce métal. De même encore *l'aiguille d'une boussole* tourne ses deux extrémités vers les pôles du monde. Mais, pour prendre cette direction, suit-elle la même route, tourne-t-elle dans le même sens que les corps célestes? Voici ce que je veux dire. Si l'on plaçoit une aiguille aimantée dans une situation contraire à sa situation naturelle, c'est-à-dire, son pôle boréal vers le pôle austral du monde, et qu'après l'avoir maintenue quelque temps dans cette situation, on la laissât aller ; choisiroit-elle, pour retourner à la *situation désirée*, le côté oriental, ou le côté occidental (1) ? *L'or s'imbibe d'argent vif*, lorsque ce dernier métal est en contact avec le premier. Je demande si l'or happe le vif-argent et le reçoit dans ses pores, sans augmenter de volume, et de manière qu'il en résulte une certaine nouvelle espèce de corps plus massif et plus pesant que l'or même. De même *on aide la mémoire, en plaçant des images de personnes dans des lieux déterminés :* obtiendroit-on le mê-

---

(1) Il semble impossible de résoudre cette question : il y aura toujours une équivoque, dira-t-on; car, on ne pourra jamais être assuré que l'aiguille a l'une de ses extrémités précisément au point opposé à celui où elle se tiendroit naturellement. Ensorte qu'en supposant même que l'aiguille eût une tendance à retourner vers le Nord par l'Orient, plutôt que par l'Occident, on pourroit croire qu'avant qu'elle ne fût abandonnée à elle-même, son extrémité étoit un peu trop vers l'O-

me effet en laissant de côté les *lieux*, et se contentant d'attacher les images des actions et des attitudes aux images de ces personnes mêmes? Mais c'est assez parlé de la *prolongation* de l'expérience.

La *translation* de l'expérience peut avoir lieu de trois manières : soit de la *nature* ou du *hazard dans l'art;* soit *d'un art, ou d'une pratique dans un autre art, ou dans une autre pratique;* soit enfin *de telle partie d'un certain art, dans une partie différente de ce même art.* Or, les exemples de la translation de la *nature*, ou du *hazard*, dans *l'art*, sont innombrables. Ensorte que presque

---

rient, et que cette seule cause l'auroit déterminée à préférer dans son retour vers le Nord, le côté oriental ; à moins que cette tendance à retourner au Nord par l'Orient, ne fût assez grande pour que dans le cas même où son pôle nord eût été placé trop à l'Occident, et d'une quantité assez grande et assez sensible, elle ne laisât pas de retourner encore au Nord par l'Orient ; ce qui leveroit toute équivoque.

tous les arts méchaniques n'ont eu que de bien foibles commencemens, dus à la nature ou au hazard. Un ancien proverbe disoit: *raisin contre raisin mûrit plutôt;* et c'est ce qu'on a souvent appliqué aux services et aux offices mutuels de l'amitié. C'est aussi ce que, chez nous, ceux qui font le cidre (espèce de vin de pommes), savent très bien imiter. Car ils ont soin, avant de piler les pommes, ou de les mettre au pressoir, de les tenir en tas pendant quelque temps, afin qu'elles mûrissent mieux par leur contact mutuel; ce qui corrige l'excessive acidité de cette boisson. De même c'est à l'*imitation de ces iris naturels* produits par un nuage *chargé de pluie*, qu'on produit des iris artificiels, par l'aspersion d'une assez grande quantité d'eau réduite en petites gouttes. De même l'*art* des *distillations* a pu tirer son origine de l'observation de la région supérieure; je veux dire, des pluies, ou de la rosée, ou de cette expérience bannale des gouttes d'eau qui s'attachent aux plats qu'on pose sur l'ouverture d'une marmite remplie d'eau bouillante. Mais qui eût osé entreprendre d'imiter la *foudre* et les *éclairs*, si le couvercle de ce Moine chymiste, lancé en l'air avec tant de violence et de fracas, n'en eût donné la première idée ? Or, plus les exemples en ce genre sont nombreux, moins il est besoin d'en alléguer. Mais, pour peu que les hommes eussent été jaloux de faire des recherches vraiment utiles, ils auroient dû s'attacher à observer les opérations et les procédés de la nature ; les considérer un à un, dans le plus grand détail et à dessein ; puis méditer sur tout cela, y penser et repenser sans cesse, afin de voir ce qu'on pourroit transporter de là dans les arts : car la *nature est le miroir de l'art.* Quant aux *expériences qui pourroient être transportées d'un art à un autre art*, ou *d'une pratique à une autre pratique*, elles ne sont pas en moindre nombre, quoique cette *translation* ne soit guère en usage. La nature est toujours sous la main ; au lieu que les procédés de chaque art ne sont guère connus que de ceux qui l'exercent. On a inventé les *lunettes*, pour aider les vues foibles ; ne pourroit-on pas imaginer quelque instrument qui, appliqué aux oreilles des personnes un peu sourdes, les aidât de même à entendre ? De même l'on *conserve les cadavres en les embaumant, ou en les enduisant de miel;* ne pourroit-on pas transporter dans la médecine une partie de ce procédé, et le rendre utile aussi aux corps vivans ? *L'usage de graver différentes figures dans la cire, le ciment ou le plomb*, est fort ancien ; et c'est ce qui a conduit à l'idée d'imprimer sur le papier, c'est-à-dire à l'*art typographique*. De même aussi le *sel*, dans *l'art de la cuisine, sert à assaisonner la viande;* et cela mieux l'hiver que l'été : ne pourroit - on pas transporter utilement cette pratique aux bains, pour fixer ou changer au besoin leur température ? De même encore le *sel*, dans cette *expérience* qu'on a faite dernièrement sur *les congélations arti-*

ficielles, a une très grande *force condensative*; ne pourroit-on pas appliquer cela à la condensation des métaux; attendu qu'on sait depuis long-temps que les eaux fortes extraites de certains sels, précipitent les petites particules d'or que recèlent certains métaux moins denses que l'or même? De même enfin la *peinture renouvelle la mémoire d'un objet*, par le moyen de son image; n'a-t-on pas transporté cela dans cet art auquel on donne le nom de *mémoire artificielle?* Nous donnerons à ce sujet un avertissement général, c'est que rien ne seroit plus capable de produire une sorte de pluie d'inventions utiles, et qui plus est, neuves et comme envoyées du ciel, que de faire des dispositions telles que les expériences d'un grand nombre d'arts vinssent à la connoissance d'un seul homme, ou d'un petit nombre d'hommes qui, par leurs entretiens, s'exciteroient mutuellement et se donneroient des idées; afin qu'à l'aide de cette *expérience guidée*, dont nous parlons ici, les arts pussent se fomenter et, pour ainsi dire, s'allumer réciproquement, par le mélange de leurs rayons. Car, bien que cette *méthode rationelle* qui procède par le *nouvel organe*, promette de plus grandes choses; cependant, à l'aide de cette *sagacité* qui s'exerce par le moyen de l'*expérience guidée*, on pourroit saisir une infinité de choses qui se trouveroient plus à portée, pour les jeter au genre humain, à peu près comme ces présens de toute espèce que, chez les anciens, on jetoit à la multitude. Reste à parler de cette *translation d'une partie d'un art dans une autre partie*; laquelle diffère peu de la *translation d'art en art*. Mais, comme *certains arts* occupent de si grands espaces, qu'ils peuvent se prêter à cette *translation* des *expériences*, même dans leurs limites, c'est une raison qui nous a déterminés à parler aussi de cette espèce de *translation*; et cela d'autant plus, qu'il est des arts où elle est de la plus grande importance. Par exemple, rien ne contribueroit plus à enrichir *l'art de la médecine*, que de *transporter les expériences* de cette partie qui traite de la *cure des maladies*, dans ces autres parties qui ont pour objet *la conservation de la santé* et *la prolongation de la vie*. Car, s'il existoit quelque *opiate* assez puissant pour réprimer cette violente inflammation des esprits qui a lieu dans une maladie pestilentielle, qui doute qu'une substance de cette espèce à dose convenable et devenue familière, ne pût réprimer et retarder, jusqu'à un certain point, cette autre inflammation qui croît insensiblement, qui semble venir pas à pas, et qui est le simple effet de l'âge? mais en voilà assez sur la translation des expériences.

Le *renversement* de l'expérience a lieu lorsqu'un fait étant constaté par l'expérience, on éprouve aussi le contraire. Par exemple, les *miroirs* augmentent l'*intensité* de la *chaleur*; mais augmentent-ils aussi l'*intensité du froid*? De même la *chaleur*, en se *répandant* en tout sens, se porte toutefois plus volontiers *de bas en haut.* Le *froid*, en se répandant, se porte-t-il de préférence *vers le bas?* Par exemple, prenez une *verge de fer*, chauffez-la à l'une de ses extrémités; puis redressez cette verge, en plaçant en bas la partie chauffée ; cela posé, si vous approchez la main de la partie supérieure, vous vous brûlerez aussi-tôt. Mais, si vous placez en haut la partie chauffée, et la main en bas, vous ne vous brûlerez pas si promptement. Actuellement, supposons qu'on chauffe toute la verge, et qu'on plonge l'une de ses extrémités dans la neige, ou qu'on la mouille avec une éponge trempée dans l'eau froide : je demande si la neige ou l'éponge étant placée en haut, le froid se portera plus vîte vers le bas, qu'il ne se fût porté vers le haut, si le corps réfroidissant eût été placé en *bas*. De même *les rayons du soleil* se *réfléchissent* sur le *blanc* et s'éparpillent; au lieu qu'ils se rassemblent sur le noir. Il faut voir si de même les ombres se dispersent sur un corps noir, et se rassemblent sur un corps blanc. Et c'est, comme nous le voyons, ce qui arrive dans une chambre obscure, où l'on fait entrer la lumière par un trou fort petit, et où les images des objets extérieurs viennent se peindre sur un papier blanc, et nullement sur un papier noir ; de même on *ouvre* la *veine du front* pour *adoucir les douleurs de la migraine* ; ne pourroit-on pas scarifier aussi tout un côté du crâne, pour adoucir une douleur qui occupe toute la tête ? Voilà ce que nous avions à dire sur le *renversement* de l'*expérience*.

La *compulsion* de l'*expérience* a lieu, lorsqu'on pousse l'*expérience* jusqu'au point d'*anéantir* ou de *faire disparoître* totalement la *vertu*. Car, dans les autres espèces de chasses, on se contente de *prendre* la bête ; mais dans celle-ci, on la *tue*. Voici un exemple de *compulsion*. L'*aimant attire le fer*: tourmentez donc l'aimant ; tourmentez aussi le fer, de manière qu'enfin il n'y ait plus d'attraction. Voyez, par exemple, si l'aimant étant brûlé et macéré dans les eaux-fortes, il se dépouille totalement de sa vertu, ou en perd la plus grande partie. Voyez au contraire si le fer, converti en safran de mars, ou en cette substance connue sous le nom d'*acier préparé;* ou enfin dissous dans l'eau-forte, seroit encore attiré par l'aimant. De plus, l'*aimant attire le fer à travers tous les milieux* que nous connoissons, soit qu'on interpose de l'or, de l'argent, du verre : cherchez, cherchez bien, jusqu'à ce que vous ayez trouvé quelque milieu qui intercepte sa vertu, si toutefois il en est de tels. Éprouvez le mercure ; éprouvez l'huile, les gommes, le charbon ardent, et toutes les autres substances qui n'ont point encore subi cette épreuve. De même on a inventé, dans ces derniers temps, certains *instrumens d'optique,* qui amplifient prodigieusement les plus petits objets visibles ; poussez-en l'usage aussi loin qu'il peut aller, en les appliquant, d'un côté, à des objets si petits, qu'ils ne puissent plus servir à les rendre visibles ; et de l'autre, à des objets si grands, que les images paroissent confuses (1). Pourront-ils servir à appercevoir, dans l'urine, des molécules que, sans ce secours, on n'y eût jamais apperçues? Pourront-ils rendre visibles, dans les diamans qui paroissent bien nets et d'une belle eau, les bulles ou les petites taches; et faire voir, sous un volume sensible, les petits grains de cette poussière qui voltige au soleil, et qu'on objectoit si mal-à-propos à Démocrite, en prétendant que c'étoient là ses atômes et les principes des choses? Pourroient-ils faire voir assez distinctement les parties d'une poussière quelque peu grossière, et composée de cinnabre et de céruse, au point qu'on distinguât ici un grain rouge, là un grain blanc; amplifier les grandes images, comme celle du nez, de l'œil, autant à proportion qu'ils amplifient les petites, comme celle d'une puce, d'un vermisseau; faire paroître un tissu de lin,

_____

(1) Il est impossible de posséder un microscope, et de ne pas penser de soi-même à faire ces essais.

ou toute autre espèce de toile très fine, mais un peu claire ; la faire paroître, dis-je, si remplie de trous, qu'elle ait l'air d'un filet. Au reste, nous ne nous arrêtons pas à *ces compulsions d'expériences,* parce qu'elles sont presque hors des limites de l'*expérience guidée,* et se rapportent plutôt aux *causes,* aux *axiômes* et au *nouvel organe;* car par-tout où l'on peut établir une *négative,* une *privative,* ou une *exclusive,* on commence déja à voir jour à la *découverte des formes.* En voilà assez sur les *compulsions des expériences.*

L'*application* d'une *expérience* n'en est qu'une ingénieuse traduction, par laquelle on la transporte à quelque chose d'*utile* (1). En voici un exemple : *cha-*

---

(1) Ce membre de sa division semble, au premier coup d'œil, rentrer un peu dans celui auquel il a donné le nom de *translation;* car transporter une expérience de la nature dans l'art, c'est en faire une *application;* et faire une application, c'est transporter une expérience de la nature dans l'art, c'est même le terme reçu en pareil cas ; et

que corps a son volume et son poids déterminés: l'or a plus de poids et moins de volume que l'argent. Il en est de même de l'eau par rapport au vin. On tire de là cette *expérience utile*, qui consiste à emplir successivement et exactement de différentes matières, une certaine mesure déterminée, et à les peser avec la même exactitude. Par ce moyen, l'on sait combien il y a eu d'argent mêlé avec l'or, ou d'eau mêlée avec le vin, et qui fût précisément l'ευρηκα (je l'ai trouvé) d'Archimède (1). De même *les chairs se pu-*

---

telle est la division de l'abbé Nollet : *procédé, effet, explication, application.* Il y a pourtant cette différence, que la *translation* est le passage d'une expérience à une autre expérience, soit *lumineuse*, soit *fructueuse*; au lieu que l'*application* est le passage à une expérience simplement utile.

(1) Le moyen qu'il propose, et dont les chymistes font usage, est l'inverse de celui d'Archimède. Car, dans l'expérience d'Archimède, on compare trois corps, de même poids et de volumes différens; au lieu qu'ici ce sont trois corps de

tréfient plus vîte dans certains garde-mangers que dans d'autres. Il seroit utile de tirer de cette *expérience* un moyen pour discerner les différentes espèces d'air, plus ou moins salubres, afin d'habiter de préférence les lieux où les chairs sont plus long-temps préservées de la putréfaction. Une autre application qu'on en pourroit tirer, ce seroit de distinguer les temps de l'année, plus salubres ou plus pestilentiels ; mais il est une infinité d'applications de cette espèce faciles à faire, pourvu que les hommes s'éveillent et tournent leurs regards, tantôt vers la nature des choses, tantôt vers l'utilité de leurs semblables. Mais en voilà assez sur l'*application des expériences.*

La *copulation* de l'*expérience* est cette

---

même volume et de différens poids: mais au fond, cela revient au même ; car les pesanteurs spécifiques étant en raison composée de la directe des poids absolus, et de l'inverse des volumes lorsque les volumes sont égaux, elles sont comme les poids ; et lorsque les poids sont égaux, elles sont en raison inverse des volumes.

liaison et cet enchaînement d'applications qui a lieu, lorsque telles choses qui seules ne seroient pas utiles, on les rend telles en les réunissant. Par exemple, voulez-vous avoir des *roses* ou des *fruits tardifs*, vous parviendrez à ce but, en arrachant les boutons les plus précoces; vous obtiendrez le même effet en mettant les racines à nud, et les laissant exposées à l'air, jusqu'à ce que le printemps soit fort avancé; mais plus sûrement encore en réunissant ces deux moyens. De même la *glace* et le *nitre* ont, *au plus haut degré, la propriété de refroidir*, et mieux encore, *lorsqu'ils sont mêlés ensemble*; mais c'est un point dont personne ne doute. Il pourroit cependant se glisser ici quelque erreur, comme dans toutes les expériences où l'on n'est point guidé par la *lumière des axiômes*; par exemple, si l'on combinoit ensemble de ces substances qui agissent de manières très différentes, et qui semblent même se combattre (1).

(1) Tels sont ces composés que les chymistes

Restent donc les *hazards* de l'*expérience*; or, cette manière de faire des tentatives a quelque chose de déraisonnable et de fou; car, quoi de plus fou, à la première vue, que de tenter une *expérience*, non parce que la raison, ou quelque autre fait vous y a conduit, mais seulement parce que rien de semblable n'a jamais été tenté. Il se pourroit pourtant que, sous cette extravagance même, se cachât je ne sais quoi de vraiment grand; je veux dire, si l'on avoit le courage de remuer, pour ainsi dire, toutes les pierres dans la nature; car tous les grands secrets de la nature sont hors des sentiers battus et de la sphère de nos connoissances. Mais si la

---

désignent par le nom de *neutres* : deux substances très actives; par exemple, un acide et un alkali étant combinés ensemble, ne composent plus qu'une substance d'une activité médiocre; tels sont la plupart des sels comme le nitre, le sel de glauber, le sel marin; substances principalement composées d'un acide uni à une base alkaline ou terreuse.

raison présidoit à de tels essais, c'est-à-dire, que si, tout en s'assurant que rien de semblable n'a jamais été tenté, on avoit pourtant quelque raison puissante pour essayer, alors ces tentatives hardies auroient de grands avantages, et pourroient forcer la nature à révéler son secret. Par exemple, lorsque le *feu exerce son action sur quelque corps naturel*, il arrive toujours l'une de ces deux choses : ou une partie de la substance s'exhale (comme la flamme ou la fumée, dans la combustion ordinaire), ou il se fait une séparation locale de parties qui se portent à une certaine distance, comme dans les distillations où les parties fixes se déposent ; les vapeurs, après avoir joué quelque temps, allant enfin se rassembler dans les récipiens. Quant à la distillation *dans les vaisseaux clos* (1) (car

---

(1) C'est une expérience qu'on a faite depuis avec la marmite de Papin ; qui est un vase très épais, et parfaitement clos, surmonté d'un couvercle à vis ; les matières les plus dures s'y amol-

tel est le nom que nous pouvons lui donner), c'est ce qu'aucun mortel n'a encore tenté. Or, il est vraisemblable que si la chaleur, une fois emprisonnée dans les limites d'un corps, étoit à même d'exercer toute sa force altérante, et de jouer tout son jeu, comme alors il n'y auroit aucune déperdition de substance, aucun dégagement de parties volatiles, alors enfin tenant ce protée de la matière pour ainsi dire enchaîné, garotté, on le forceroit à se transformer d'une infinité de manières: pourvu toutefois qu'on eût soin de tempérer la chaleur, en l'augmentant et l'affoiblissant tour-à-tour, pour prévenir la rupture des vaisseaux; car ce seroit là une sorte de matrice semblable aux matrices naturelles, où la chaleur exerceroit son action sans émission ni séparation de substance, si ce n'est que dans la matrice animale il y a de plus l'alimentation; mais quant à la

---

lissent; et les os, par exemple, y forment une espèce de gelée.

transformation, il paroît que c'est à peu près la même chose (1). Tels sont donc les hazards de l'expérience. Au reste, il est encore, au sujet de cette sorte d'*expériences,* un avertissement à donner ; c'est qu'il ne faut pas, pour quelque tentative où l'on aura échoué, se décourager tout-à-fait, et perdre, pour ainsi dire, la tête. Les succès, il est vrai, sont plus flatteurs, on s'y complaît davantage ; mais la plupart des tentatives, pour être *malheureuses,* n'en sont pas moins *instructives ;* et ce qu'il ne faut jamais perdre de vue, et que nous nous efforçons perpétuellement d'inculquer, c'est qu'il faut s'attacher bien plus aux expériences *lumineuses* qu'aux expériences *fructueuses.* Voilà donc ce que nous avions à dire sur l'expérience guidée, laquelle, comme nous l'avons déjà fait

―――――――

(1) Si elles ne servent pas à établir l'opinion qu'on a en vue, elles servent du moins à se détromper à cet égard, et elles avertissent de ne point faire fonds sur certains moyens.

entendre, est plutôt une sorte de *sagacité*, de *flair de chien de chasse*, qu'une *véritable science*. Nous ne dirons rien pour le moment du *nouvel organe*, et notre dessein n'est pas d'en donner ici un avant-goût; car ce sujet étant sans contredit ce qu'il y a de plus grand en philosophie, nous nous proposons, moyennant la faveur divine, de composer sur cette matière un ouvrage complet.

CHAPITRE III.

Division de l'invention des argumens en provision oratoire et en topique. Division de la topique en générale et particulière. Exemple de la topique particulière dans la recherche sur la pesanteur et la légèreté.

L'INVENTION *des argumens* n'est pas proprement une invention; car *inventer*, c'est découvrir les choses inconnues et non recevoir, ou rappeller seulement ce qui est connu. Or la destination et l'office de ce genre d'*invention*, n'est autre, ce me semble, que d'extraire, avec une certaine dextérité, de cette masse de science qu'on a ramassée, et, pour ainsi dire, serrée dans son esprit, tout ce qui peut être utile à la question, ou à l'affaire dont il s'agit; car, lorsqu'on n'a que peu ou point de connoissances sur le sujet proposé, les lieux d'*invention* ne servent de rien; au lieu que celui qui, de longue main, aura fait toutes ses provisions en ce genre, pourra, sans art, sans lieux communs, mais avec un peu moins de promptitude et de facilité qu'avec ce secours, trouver enfin et produire au dehors des argumens sur le sujet proposé (1). Ensorte que ce genre d'*invention*,

---

(1) On n'a pas besoin de la logique d'Aristote pour raisonner juste sur ce qu'on sait bien, et il n'est point de logique qui apprenne à bien raisonner sur ce qu'on ne sait pas; mais autre chose est bien raisonner, et bien exposer un raisonnement; et un mauvais raisonnement, présenté avec adresse, a plus d'effet qu'un bon raisonnement mal exposé.

comme nous l'avons dit, n'est point proprement une *invention*, mais une simple opération de la mémoire qui nous présente et nous suggère ce qu'ensuite nous appliquons. Cependant, comme ce terme est fort en usage, qu'il est reçu, à la bonne heure, appelons cela une *invention*. Car on peut dire que, poursuivre la bête dans l'enceinte d'un parc, ou d'une remise, ce n'est pas moins la *lancer* et l'*éventer*, que si on la poursuivoit dans une forêt ouverte. Mais laissant de côté toutes ces délicatesses de langage, il est certain que le *but* et la *fin* de cet art-ci est plutôt une certaine promptitude, et une certaine facilité à faire usage de nos connoissances déjà acquises, qu'un art de les étendre et de les augmenter.

Or, il est deux méthodes pour trouver aisément la matière de l'*invention*. D'abord, on peut ou avoir quelque méthode qui indique et montre, pour ainsi dire, du doigt, les *lieux* vers lesquels on doit tourner ses recherches; et c'est ce que nous appellons la *topique;* ou rassembler, pour s'en servir au besoin, des argumens composés d'avance sur tous les cas qui peuvent survenir et faire le sujet d'une discussion, et c'est ce que nous appellons la *provision.* Or, cette dernière partie mérite à peine le nom de *science;* c'est plutôt une sorte d'activité prévoyante, qu'une *science* vraiment *méthodique.* Néanmoins c'est sur ce sujet même qu'Aristote, avec assez d'esprit sans doute, mais non sans quelque danger, tournant en ridicule les sophistes de son temps, dit qu'ils ressembloient à un cordonnier qui, se donnant pour tel, n'enseigneroit pas la manière de faire un soulier, et qui se contenteroit d'étaler des chaussures de toute forme et de toute grandeur. On auroit pu toutefois lui répliquer, que, si ce cordonnier n'avoit point, dans sa boutique, de souliers tout faits, et qu'il n'en fît qu'à mesure qu'on lui en commanderoit, cette boutique sentiroit la misère, et qu'il trouveroit peu d'acheteurs. Mais notre Sauveur, dans un esprit bien opposé, parlant de la science divine, s'exprime ainsi : *Tout scribe vraiment savant dans le royaume des cieux, est semblable à un père de famille qui tire de son trésor et le neuf et le vieux.* Nous voyons aussi que les anciens rhéteurs recommandoient aux orateurs d'avoir toujours sous leur main, des lieux communs de toute espèce, composés depuis long-temps, tout élaborés et tout ornés, à l'aide desquels ils pussent au besoin défendre le pour et le contre : par exemple, *pour l'esprit de la loi, contre la lettre de la loi; pour les preuves de raisonnement, contre les preuves par témoins;* et au contraire, Cicéron lui-même, instruit par une longue expérience, n'a pas craint d'avancer qu'un orateur diligent et assidu, pouvoit avoir, sur quelque sujet que ce fût, des discours tout prémédités et tout travaillés, en sorte qu'au moment de défendre une cause, il n'y auroit plus rien de nouveau et d'extraordinaire à insérer dans le plaidoyer, si ce n'est de nouveaux noms et quelques circonstances particulières et propres à l'affaire. Mais la prévoyance et la sollicitude de Démosthène fut poussée à tel point, que ce grand orateur, qui savoit trop combien l'exorde et le préambule, dans une cause, a de force et de puissance pour préparer les auditeurs, pensoit qu'il étoit nécessaire de composer d'avance des exordes qui pussent s'ajuster à toutes sortes de discours et de harangues, et de les tenir tout prêts. Ces exemples et ces autorités suffisent sans doute pour balancer l'opinion d'Aristote, qui nous conseilleroit volontiers de *troquer notre garde-robe contre une paire de ciseaux*. Ainsi, nous n'avons pas dû passer sous silence cette partie de la *doctrine*, qui a pour objet la provision oratoire; mais ce que nous en disons ici, doit suffire pour le moment. Cette partie étant commune à la *logique* et à la *rhétorique*, nous n'avons dû, dans la *logique*, la toucher qu'en passant, nous réservant à la traiter plus amplement dans la rhétorique.

Quant à l'autre partie de l'*invention*; savoir: la *topique*, nous la diviserons en *générale* et *particulière*: la *générale* est celle qu'on a traitée avec autant d'étendue que d'exactitude dans la logique; ensorte qu'il n'est pas besoin de nous arrêter à l'expliquer. Il paroît toutefois nécessaire d'avertir en passant que cette *topique* n'est pas seulement utile, lorsqu'il s'agit d'*argumenter*, et pour ainsi dire d'en venir aux mains avec les autres; mais encore dans les *méditations*, lorsque nous pensons aux mêmes choses étant seuls, et en discourons avec nous-mêmes. Je dirai plus: son avantage ne se réduit pas à nous suggérer et à nous indiquer ce que nous devons *affirmer* et *soutenir*, mais encore à nous diriger dans nos *questions* et nos *interrogations*; car, *savoir interroger* avec dextérité, est presque la moitié de la science; et c'est avec raison que Platon a dit: *celui qui cherche une chose, saisit déjà par une certaine notion générale, cette chose même qu'il cherche; autrement, com-*

ment pourroit-il, après l'avoir trouvée, la reconnoître? D'où il suit que plus cette notion anticipée aura d'étendue et de certitude, plus la recherche sera directe et expéditive. Ainsi, ces mêmes *lieux* qui nous serviront à fouiller dans les trésors de notre entendement, et à en tirer la science que nous y avons amassée, nous serviront aussi à tirer la science de dehors. Ensorte que, si nous avons à notre portée un homme habile et suffisamment versé, guidés par ces lieux, nous saurons l'*interroger* avec autant de dextérité que de prudence, et nous saurons de plus choisir et consulter les auteurs, les livres, et parties de livres qui pourront nous instruire et nous donner des connoissances sur ce que nous cherchons.

Mais la *topique particulière* mène plus sûrement aux différens buts que nous venons d'indiquer, et doit être regardée comme la plus utile. Nous ne pouvons disconvenir que certains écrivains n'en aient fait quelque légère mention. Mais parlons-nous de la traiter complettement et d'une manière qui réponde à son importance, c'est ce que certainement ils n'ont pas fait. Mais laissons de côté ce vice et ce faste qui ont si long-temps régné dans les écoles ; je veux dire que ce que tout le monde sait, ils sont fort ingénieux à l'expliquer ; mais que ce qui est un peu moins à la portée des esprits, ils n'y touchent même pas. Quant à nous, adoptons la *topique particulière* comme une partie éminemment utile, c'est-à-dire les *lieux de recherche et d'invention appropriés aux sujets divers et aux sciences particulières*. Ces lieux ne sont autre chose qu'un certain mélange tiré de la *logique* et de la *matière* même propre à *chaque science*. Car il n'est qu'un esprit étroit et superficiel qui puisse s'imaginer qu'il est possible de découvrir un *art d'inventer* les sciences qui, dès le commencement, atteigne à sa perfection, et tel qu'ensuite il ne reste plus qu'à le mettre en œuvre et à l'exercer. Mais que les hommes, au contraire, tiennent pour certain qu'un *solide et vérita-*

ble art d'inventer va grandissant et croissant avec les inventions mêmes. Ensorte qu'au moment où l'on commence à approfondir une science, on peut bien se faire un certain nombre de *préceptes d'invention assez utiles*. Mais y a-t-on fait de plus grands progrès, on peut et l'on doit imaginer de *nouveaux préceptes* pour faciliter les découvertes ultérieures. Il en est de cet *art de l'invention* comme du chemin qu'on fait dans un pays de plaines. Car, lorsqu'on a parcouru un certain espace, ce qu'alors on a gagné, ce n'est pas seulement d'être plus près du terme du voyage, mais aussi de voir plus nettement l'espace qui reste à parcourir. Il en est de même dans les sciences : y a-t-on fait un peu de chemin, non-seulement on a l'avantage de laisser derrière soi ce chemin déja fait, mais encore celui de voir de plus près le chemin qui reste à faire. Or, comme nous avons rangé cet art parmi les choses *à suppléer*, nous allons en donner un exemple.

Topique particulière, ou articles de la recherche qui a pour objet la pesanteur et la légèreté.

1°. Cherchez, d'un côté, quels sont les corps les plus susceptibles du *mouvement* de *gravité*; et, de l'autre, les plus susceptibles du mouvement de *légèreté*. Voyez de plus s'il en est qui tiennent le *milieu*, et qui soient d'une nature *indifférente* à cet égard.

2°. Après la recherche simple sur la *gravité* et la *légèreté*, il faut procéder à la recherche *comparée*, c'est-à-dire, chercher quels sont, parmi les *graves*, ceux qui *pèsent plus* ou *moins sous le même volume*; et de même parmi les corps *légers*, ceux qui se portent *vers le haut avec plus ou moins de vitesse*.

3°. Cherchez quelle peut être et quelle est en effet l'influence de la *quantité de matière* du corps sur le *mouvement de la pesanteur*. Or, cette recherche-là, au premier coup d'œil, paroîtra superflue; et il semble que les *mouvemens* doivent croître précisément en *raison de la quantité de matière*. Mais il s'en faut de beaucoup que cette proportion soit la véritable. Car, quoique, dans les bassins d'une balance, la *quantité de matière* compense la *gravité* du corps, les forces de ce corps se réunissant de toutes parts en vertu de la réaction, ou de la résistance des bassins et du fléau ; néanmoins, lorsque la résistance est très petite, comme dans la *chûte des corps* à travers l'air, la *quantité de matière* influe peu sur la *vîtesse de la descente* : vingt livres de plomb et une livre emploient à peu près le même temps à tomber.

4°. Cherchez si la *quantité de matière* du corps ne pourroit pas être augmentée à tel point, que le *mouvement de gravité cessât tout-à-fait;* ce qui a lieu dans le globe terrestre qui demeure suspendu et ne tombe point. Voyez donc s'il n'y auroit pas d'autres masses assez grandes pour se soutenir elles-mêmes. Car ce prétendu mouvement de transport vers le centre de la terre, n'est qu'une supposition chimérique. Or, une masse un peu grande a horreur de toute espèce de mouvement de translation, à moins que cette disposition ne soit surmontée par une autre tendance plus forte.

5°. Cherchez quelle peut être et quelle est en effet, sur la *loi du mouvement de gravité*, l'influence de la *résistance du milieu*, c'est-à-dire, du corps qui se trouve à la rencontre de celui qui tombe. Or, ou le corps qui tombe, *pénètre* et *divise* le corps qui se trouve à sa rencontre, ou celui-ci l'*arrête* : s'il le *pénètre*, cette pénétration est accompagnée, ou d'une *foible résistance*, comme dans *l'air*; ou d'une *forte*, comme dans *l'eau*. S'il *est arrêté*, ou la *résistance* qu'il éprouve étant *plus foible* que son mouvement, il l'emporte par l'excès de sa pesanteur, comme lorsqu'on met du bois sur de la cire; ou les *résistances* sont *égales* de part et d'autre, comme lorsqu'on met de *l'eau* sur *d'autre eau*, ou du *bois* sur *d'autre bois* de même espèce; et c'est ce que l'école, en s'appuyant sur une vaine supposition, exprime en disant : *qu'un corps ne pèse point, si ce n'est hors de son lieu.* Or, toutes ces circonstances varient le mouvement de gravité. Car autre est le mouvement des graves dans les bassins d'une balance, autre, quand ils tombent. Il y a plus (et c'est ce qui pourra paroître étonnant) : ce mouvement n'est pas le même dans des bassins suspendus dans l'air, que dans ces mêmes bassins plongés dans l'eau ; ni le même dans les corps qui tombent à travers l'eau, que dans ceux qui surnagent, ou qui sont portés sur l'eau.

6°. Qu'on cherche ce que peut et fait la *figure du corps qui tombe*, pour *modifier le mouvement de gravité* : par exemple, une grande surface avec peu d'épaisseur; sa figure cubique, oblongue, ronde, pyramidale, ce qui arrive lorsque les corps se retournent en tombant, et quand ils gardent la situation qu'ils avoient au moment où on les a lâchés.

7°. Cherchez ce que peut et ce que fait la *continuation* et le *progrès* de la *chûte* même, pour augmenter l'élan ou la vîtesse des corps tombans. Cherchez aussi *dans quelle proportion* et *jusqu'à quel point* croît cette vîtesse. Car les anciens, qui avoient peu approfondi ce sujet, s'imaginoient que ce mouvement, qu'ils qualifioient de naturel, devoit croître sans fin et sans terme.

8°. Cherchez ce que peut et ce que fait la *distance* ou la *proximité, où le corps tombant est de la terre*, pour le faire tomber plus rapidement, ou plus lentement, ou même pour l'arrêter tout-à-fait; en supposant qu'il se trouve hors de la sphère d'activité de la terre (1), ce

---

(1) Le système de Copernic, une fois démontré par son parfait accord avec les phénomènes, et les satellites de Jupiter et de Saturne une fois découverts, il étoit facile de concevoir qu'il y a dans l'univers différens centres de *gravité*, ou si l'on veut, de *gravitation*, dont l'activité ne s'étend qu'à une certaine distance déterminée : mais avant

qui est l'opinion de Gilbert. Cherchez aussi ce qui arrive au corps, lorsqu'il est *plongé plus avant dans la profondeur de la terre;* ou lorsqu'il est *placé plus*

---

même que cette découverte eût été faite, le plus simple raisonnement conduisoit à l'opinion de Gilbert. Il n'est point, dans l'univers, de force infinie, pouvoit-on dire, si ce n'est peut-être la force qui meut le *tout;* force qui est *infinie,* en ce sens qu'il n'en existe point et n'en peut exister de plus grande; mais du moins toutes les forces *partielles* sont *finies, limitées,* par cela même qu'elles sont *partielles :* donc la distance à laquelle s'étend leur action, est *limitée;* donc l'action de la force quelconque qui détermine les corps terrestres vers le centre, ou plutôt vers la masse de notre globe, ne s'étend que jusqu'à une certaine distance de cette planète; donc, si à cette distance on plaçoit un corps, il ne tomberoit plus vers la terre. C'est ici un de ces cas, où des raisonnemens même *métaphysiques* et *éloignés,* mais fondés sur un principe *bien choisi,* ont autant et plus de force que les raisons *directes* et *immédiates;* cas où ils ont de plus ce qui est propre à la *synthèse,* la *précision,* et ce genre de *clarté* qui en résulte.

près de la surface; car cette circonstance varie aussi le mouvement, comme ceux qui travaillent aux mines s'en sont bien apperçus.

9°. Cherchez ce que peut et ce que fait *la différence des corps par le moyen desquels le mouvement de la gravité se répand et se communique;* s'il se communique aussi bien à l'aide des corps mous et poreux, qu'à l'aide des corps durs et compacts : par exemple, en supposant que le fléau d'une balance, d'un côté de la languette, soit d'argent, et que, de l'autre côté, il soit de bois, les deux bras étant aussi supposés de même poids (1), voyez si cela même ne produit pas quelque variation dans les bassins. Voyez encore si un morceau de *métal*,

---

(1) Et de même longueur; car, s'ils étoient inégaux, il est clair que les poids étant supposés égaux, le bras le plus long auroit de l'avantage, et alors on ne sauroit pas si la prépondérance de ce bras a pour cause cet excès de longueur, ou la matière dont il est composé.

posé sur de la *laine*, ou sur une *vessie* enflée, *pèse autant* que lorsqu'il porte sur le *fond* même du bassin de la *balance* (1).

10°. Cherchez ce que peut et ce que fait, dans la communication du mouvement de la gravité, la *distance où le corps est du contrepoids*, c'est-à-dire avec quelle promptitude ou quelle lenteur la dépression, ou l'effet du poids qui s'appuie, se fait sentir. Par exemple : voyez si, dans les balances, où l'un des bras du fléau est plus long que l'autre, ces bras toutefois pesant également, cela même fait pencher la balance (2) ? com-

---

(1) Voilà un doute qui annonce l'homme de génie ; car où sont les hommes qui savent douter de ce que tout le monde croit certain, et que personne n'a jamais examiné ? Tel à qui ce doute paroît ridicule, ne se doute pas que son étonnement l'est infiniment plus, attendu que la certitude où il croit être à cet égard, n'est que le produit de l'habitude, et n'est appuyée sur aucun fait.

(2) Voyez sur-tout si une baleine pèse plus qu'un goujon. Cette fois-ci le doute est ridicule ;

me dans les tubes recourbés ou syphons, tubes où l'on sait que la branche la plus longue attire l'eau, quoique la branche la plus courte, supposée même d'une capacité beaucoup plus grande, contienne, par cette raison, une quantité d'eau qui pèse beaucoup plus.

11°. Cherchez ce que peut le *mélange et l'accouplement des corps légers avec les corps graves*, pour diminuer la gravité dans les animaux, soit vivans, soit morts.

12°. Observez les *secrettes ascensions et descensions des parties graves et des parties légères, dans les limites d'un même corps, pris en entier*, d'où résultent souvent des séparations très délicates : ce dont on voit des exemples dans ce petit appareil où le vin se sépare d'avec l'eau ; dans l'ascension de la fleur du lait, et autres faits semblables.

---

car ici les faits ne manquent pas ; mais il ne veut que compléter son énumération de points à considérer.

13°. Cherchez quelle est la *ligne* et la *direction du mouvement de la gravité*; et jusqu'à quel point elle se rapporte au centre de la terre, ou au centre du corps même, c'est-à-dire à la force de cohésion de ses parties (1); car ces *centres*, dont la supposition est assez commode dans les démonstrations, ne valent rien dans l'étude de la nature.

14°. Faites une autre recherche qui ait pour objet la *comparaison du mouvement de gravité avec les autres mouvemens*, pour connoître ceux qu'il surmonte et ceux auxquels il cède. Par exemple, dans ce *mouvement*, auquel on donne le nom de *violent*, le mouvement de gravité est arrêté pendant un certain temps : on même lorsqu'un petit aimant attire un morceau de fer beaucoup plus pesant, le

―――――――――――

(1) C'est-à-dire au point où toutes les pesanteurs particulières de ses différentes parties peuvent être conçues comme réunies, et autour duquel elles se balancent.

mouvement de gravité cède au mouvement de sympathie.

15°. Cherchez, par rapport au *mouvement de l'air*, s'il se porte naturellement vers le haut, ou s'il est comme indifférent à cet égard; point difficile à décider, et qui ne peut l'être qu'à l'aide des expériences les plus délicates. Car, si l'on voit l'air s'élever du fond de l'eau, c'est plutôt l'effet du choc de l'eau, que celui du mouvement naturel de l'air (1); vu que le bois présente le même phénomène : or, l'air mêlé à d'autre air, ne bouge point; quoique l'air placé dans l'air, ne donne pas moins de signe de légèreté, que l'eau placée dans l'eau, n'en donne de gravité. Or, dans une bulle, où ce fluide est enveloppé d'une pelli-

---

(1) Comme l'eau, en vertu de sa plus grande pesanteur, tend toujours à occuper le point le plus bas, lorsque l'air est au fond, l'eau, qui tend à occuper ce fond, doit le pousser, le choquer, d'abord latéralement, puis de bas en haut, et le forcer ainsi à s'élever.

culé, il demeure quelque temps immobile.

16°. Montrez quel est le *terme* de la *légèreté*. Car je ne puis m'imaginer que, de même qu'ils ont supposé que le centre de la terre est le centre des graves, ils supposent aussi que la convexité des cieux est le terme des corps légers; et voyez si plutôt il ne faut pas dire que les corps graves semblent tendre à cette convexité, jusqu'à ce qu'ils aient trouvé un lieu où ils soient appuyés, c'est-à-dire tendre, en quelque manière, au repos; de même aussi les corps légers tendent à se mouvoir, jusqu'à ce qu'ils puissent circuler, et tendent, pour ainsi dire, au mouvement sans terme.

17°. Cherchez pourquoi les *vapeurs* et les *exhalaisons* s'élèvent jusqu'à ce qu'elles soient arrivées à cette hauteur qu'on appelle la *moyenne région de l'air*; quoiqu'elles soient d'une matière quelque peu grossière, et que l'action des rayons solaires cesse périodiquement, savoir toutes les nuits.

18°. Faites une recherche sur *la détermination du mouvement de la flamme vers le haut;* recherche d'autant plus difficile, que la flamme périt à chaque instant; si ce n'est peut-être lorsqu'elle se trouve placée dans le milieu d'une flamme beaucoup plus grande. En effet, toute flamme dont la continuité est interrompue, dure peu.

19°. Faites aussi une recherche sur le *mouvement de bas en haut de l'activité même de la chaleur*, comme on en voit un exemple dans le fer en incandescence, où la chaleur se porte plus vîte vers le haut, que vers le bas.

Voilà donc un exemple de la *topique particulière*. Au reste, cet avertissement que nous avons déja commencé à donner, nous le réitérons ici; je veux dire que les hommes doivent *changer* de temps en temps *leurs topiques;* de manière qu'après avoir fait des progrès notables dans une recherche, ils doivent s'en faire une *autre*, et après de plus grands progrès, une *autre encore*, si toutefois ils sont jaloux de s'élever au faîte des sciences. Quant à nous, nous attachons un tel prix à ces *topiques particulières*, que notre dessein est de composer, en ce genre, un ouvrage ex-professo, où nous choisirons pour exemples les sujets les plus importans et les plus obscurs. Car nous sommes maîtres des questions, et non des choses mêmes. Nous terminerons ici ce que nous avions à dire sur l'*inventive*.

CHAPITRE IV.

Division de l'art de juger, en jugement par induction et jugement par syllogisme. On agrège le premier au nouvel organe. Seconde division du jugement par syllogisme, en réduction directe et réduction inverse. Seconde division de cette seconde partie en analytique et en doctrine des critiques. Division de la doctrine des critiques en réfutation des sophismes, critique de l'herménie, et examen critique des images ou fantômes. Division des fantômes en fantômes de tribu, fantômes de caverne et fantômes de commerce. Appendice sur l'art de juger, lequel a pour objet l'analogie des démonstrations avec la nature de chaque sujet.

Passons donc au *jugement*, ou à l'art de *juger*, art où il s'agit des *preuves* ou *démonstrations*. Or, dans cet art de *juger*, du moins dans celui qui est reçu, on conclut ou par *induction*, ou par *syllogisme*; car l'*enthymême* et les *exemples* ne sont que des simplifications de ces deux formes (1). Or, quant au *jugement*

---

(1) L'enthymême n'étant qu'un syllogisme, dont on a supprimé une prémisse; savoir : la plus facile à suppléer, et l'induction n'étant autre chose qu'un assemblage, ou, si l'on veut, un enchaînement d'exemples tendant à établir une proposition générale, il s'ensuit que l'enthymême n'est qu'une partie du syllogisme, et que l'exemple n'est qu'une partie de l'induction.

par induction, je n'y vois rien qui doive nous arrêter. Car ce que l'on *cherche*, c'est par une seule et même opération de l'esprit qu'on l'*invente* et qu'on le *juge*. Et il n'est pas besoin pour cela de moyen ou d'*intermédiaire;* l'opération est immédiate, et tout se passe ici comme dans les sensations. Car le propre du sens, quant à ses objets immédiats, est qu'en même temps qu'il saisit l'*espèce* de l'objet, il en reconnoît la vérité. Il en est tout autrement du *syllogisme*, dont la preuve n'est pas *immédiate*, et a besoin d'un *moyen*. Ainsi autre chose est l'*invention du moyen;* autre chose, le *jugement* de la *conséquence* de l'argument. Car d'abord l'esprit court çà et là, pour trouver la preuve, ou pour l'examiner; puis il acquiesce à la vérité lorsqu'il l'a trouvée. Mais nous donnons l'exclusion à cette forme vicieuse *d'induction* qui est en usage; et quant à la véritable forme, nous la renvoyons au *novum organum*. Ainsi nous ne dirons rien de plus ici sur l'induction.

Quant à cette autre manière de conclure par le *syllogisme*, qu'en pouvons-nous dire après que la lime des plus subtils esprits l'a, pour ainsi dire, usé et réduit à une infinité de parcelles; et l'on ne doit pas s'en étonner; c'est une méthode qui sympathise merveilleusement avec l'entendement humain. Car ce à quoi tend et aspire avec le plus d'effort l'esprit humain, c'est à ne point demeurer en suspens, et à trouver quelque chose d'immobile, une sorte de point fixe sur lequel il puisse s'appuyer dans ses recherches et ses excursions. Certes de même qu'Aristote s'efforce de prouver qu'en tout mouvement des corps, il est je ne sais quoi qui demeure en repos, (et cette antique fable d'*Atlas*, qui, restant lui-même dans une attitude droite, soutenoit le ciel sur ses épaules, il l'applique fort élégamment aux pôles du monde, autour desquels se font toutes les révolutions); c'est ainsi que les hommes souhaitent ardemment de trouver en eux-mêmes et dans leurs pensées, une sorte *d'Atlas* et de *pôles* qui puissent mettre quelque sorte de règle, dans leurs fluctuations et leurs vertiges, craignant sans doute que leur ciel ne s'écroule. Aussi se sont-ils pressés d'établir les principes des sciences, comme autant de points fixes, de pivots sur lesquels pussent rouler leurs disputes de toute espèce, sans avoir de chûtes et de ruines à craindre, ignorant cette vérité : que qui veut trop tôt saisir la certitude, finira par le doute; au lieu que celui qui sait pour un temps suspendre son jugement, arrivera enfin à la certitude.

Il est donc manifeste que cet *art de juger par le syllogisme*, n'est autre chose que l'art de ramener les propositions aux principes, à l'aide des *moyens-termes* (1).

―――――――――――

(1) En laissant de côté le bavardage d'Aristote, et ses soixante-quatre modes de syllogismes, lesquels, comme nous le ferons voir quelque jour, peuvent être réduits à un seul, ou tout au plus à deux : voici en quoi consiste tout l'essentiel du syllogisme. Lorsqu'on ne peut faire voir immédia-

Quant aux *principes*, on les regarde comme des choses reçues, et on ne les met point en question ; et quant à l'invention des moyens-termes, on l'abandonne à la pénétration et à l'activité des esprits, qu'on laisse parfaitement libres à cet égard. Or, cette *réduction* est de deux espèces ; savoir : la *directe* et l'*inverse*. La *directe* a lieu, lorsqu'on ramène la proposition même en question au principe même, et c'est ce qu'on appelle

---

tement, c'est-à-dire à l'aide de la seule expérience, actuelle ou rappellée, qu'un certain attribut convient à un sujet proposé, on présente un autre sujet connu des auditeurs ou lecteurs auquel ils savent que convient l'attribut en question, et auquel on donne le nom de moyen terme. Cela posé, on affirme de ce moyen terme cet attribut en question, puis on affirme le moyen terme du sujet proposé, d'où l'on conclut que l'attribut en question convient aussi au sujet proposé. Que si ces deux premières propositions ou prémisses ont elles-mêmes besoin de preuves, on cherche d'autres moyens termes qui servent de la même manière à établir ces prémisses, lesquelles, une fois établies, servent à établir la proposition en question.

preuve ostensive. L'inverse a lieu, lorsque la contradictoire de la proposition en question est ramenée à la contradictoire du principe dont cette proposition en question est une conséquence, et c'est ce qu'on appelle *preuve per incommodum* (1). Or, le nombre, ou l'échelle des moyens termes, augmente ou diminue, selon que la proposition est plus ou moins éloignée du principe (2).

---

(1) Ou *per absurdum*; car si le principe contradictoire au principe dont la proposition en question est une conséquence, est absurde ou manifestement faux; donc la proposition, qui en est visiblement une conséquence, est aussi manifestement fausse. Mais si cette contradictoire de la proposition en question est manifestement fausse, comme deux propositions contradictoires ne peuvent être fausses tout-à-la-fois, il s'ensuit que la proposition en question est manifestement vraie, et elle se trouve démontrée par ce moyen, aussi rigoureusement que si on l'eût déduite du principe affirmatif et vrai dont elle est la conséquence.

(2) Car une preuve ne mérite complettement ce nom, et n'est intelligible pour les moindres esprits, que lorsque la proposition à établir est

Cela posé, conformément à une division presque universellement reçue, nous di-

---

une conséquence *immédiate* du principe employé dans cette preuve. Or, si la proposition en question *est fort éloignée* du principe auquel on veut la ramener, c'est-à-dire, si cette proposition, étant très particulière, le principe est une proposition très générale, il est clair que pour rendre contigus le principe et la conséquence, il faut remonter de principe immédiat en principe immédiat, jusqu'à ce qu'on arrive à une proposition qui soit tout-à-la-fois principe immédiat, par rapport à la conséquence qu'on en déduit, et conséquence immédiate par rapport à ce principe si élevé, qui n'a pas besoin de preuve ; et alors tout l'intervalle qui le séparoit de la proposition en question étant rempli par des propositions toutes contiguës, tout se touche dans cette longue chaîne, et l'on apperçoit enfin la relation qui existe entre la proposition en question et le principe dont on veut l'appuyer ; relation qu'un esprit peu étendu n'appercevroit jamais, si, d'un saut, on franchissoit tout cet espace ; car il n'est donné qu'au génie de s'élancer, pour ainsi dire, d'un saut, du rez-de chaussée à l'étage le plus élevé : les esprits ordinaires ont besoin d'échelle et de monter doucement. Voilà ce qu'il veut dire.

viserons l'*art de juger* en *analytique* et doctrine des *réfutations* : l'analytique montre la vérité ; la dernière préserve de l'erreur. L'*analytique* est celle qui montre les *vraies formes* sur lesquelles il faut se régler pour tirer des conséquences bien justes ; formes telles que, si quelqu'un s'en écarte, on apperçoit par cela même le vice de sa conclusion. Or, cela même renferme quelque sorte de *critique ou de réfutation ;* car *la ligne droite, comme on dit,* est *juge d'elle-même et de la ligne courbe*. Mais il est plus sûr d'employer les *réfutations ;* ce sont comme autant d'avertissemens à l'aide desquels on découvre plus aisément les *prestiges,* qui, sans ce secours, pourroient enlacer le jugement. Or, nous ne trouvons pas qu'il manque rien dans cette *analytique :* elle nous paroît bien plutôt être surchargée de superfluités, qu'avoir besoin d'additions.

Quant à la doctrine des réfutations, nous croyons la devoir diviser en trois parties ; savoir : *réfutation des sophis-*

mes, critique de l'herménie, et examen critique des images ou fantômes. La doctrine *de la réfutation* des *sophismes* est de la plus grande utilité. Car, quoique Sénèque ait judicieusement comparé le genre le plus grossier de paralogisme aux tours de main des joueurs de gobelets, attendu que, dans les uns et les autres, on ne voit pas au juste en quoi consiste l'illusion, quoiqu'on voie fort bien que la chose est tout autrement qu'elle ne paroît; cependant les sophismes plus subtils n'ont pas seulement l'effet d'embarrasser au point qu'on ne sait qu'y répondre, mais de plus ils offusquent le jugement et qu'ils semblent vrais.

Cette partie *de la réfutation des sophismes*, Aristote l'a fort bien traitée, du moins quant aux *préceptes*; Platon encore mieux quant aux *exemples*; et cela non pas seulement en la personne de tel ou tel sophiste, tel que *Gorgias, Hippias, Protagoras, Euthydème* et autres; mais encore sous le personnage de Socrate lui-même, qui, prenant à tâche de ne rien affirmer, mais d'infirmer tout ce que les autres avancent de positif, dévoile fort ingénieusement le foible des objections, et des raisonnemens captieux, ainsi que la manière de les réfuter. Ainsi, dans cette partie, nous n'avons rien à désirer. Il est cependant une chose à remarquer, c'est que, bien que nous ayons dit que le principal et légitime usage de cette doctrine est de réfuter les sophismes, on peut toutefois en abuser, en s'emparant de ces sophismes mêmes, pour contredire les autres et les embarrasser par des raisonnemens captieux; genre de talent fort estimé, et qui n'est pas d'une petite ressource pour ceux qui le possèdent : quoique je ne sais quel auteur ait judicieusement observé qu'il y a entre l'orateur et le sophiste cette différence, que l'un, semblable au levrier, l'emporte pour la légèreté à la course; au lieu que l'autre, semblable au lièvre, sait mieux tromper, par des détours, celui qui le poursuit.

Suivent les *critiques de l'herménie;*

car c'est ainsi que nous les appellerons, empruntant d'Aristote plutôt le mot que sa signification. Rappellons donc aux hommes ce que nous disions plus haut sur les conditions transcendantes et *adventices des êtres*, ou les *adjoints*, lorsque nous traitions de la *philosophie première*; je veux dire, celles qui sont exprimées par ces mots : *plus grand, plus petit, beaucoup, peu, antérieur, postérieur*, le *même, différent*, la *puissance*, l'*acte*, l'*habitude*, la *privation*, le *tout*, les *parties*, l'*agent*, le *patient*, le *mouvement*, le *repos*, l'*être*, le *non-être*, et autres semblables.

Qu'ils se souviennent sur-tout et remarquent bien qu'il est différentes manières de considérer ces conditions; je veux dire, qu'on peut les traiter ou *physiquement*, ou *logiquement*. Quant à la considération *physique*, nous l'avons assignée à la *philosophie première*; reste donc la considération *logique*. Et c'est cela même qu'en ce moment nous appellons *doctrine des critiques* de l'*hermé-*

nie. Or, c'est sans contredit une partie de la science aussi utile que saine. Car ces *notions générales* et *communes* ont cela de propre, qu'elles se présentent à chaque instant dans toutes les disputes; ensorte que, si, dès le commencement, on n'use de tout son jugement et de toute sa diligence, pour les bien définir et les bien distinguer, elles répandront une épaisse obscurité sur tous les sujets qu'on pourra traiter, et amèneront les choses au point que toutes les discussions dégénéreront en disputes de mots. En effet, les équivoques et les mauvaises acceptions de mots sont des *sophismes de sophismes*. C'est pourquoi nous avons cru mieux faire, en décidant qu'elle devoit être traitée à part, qu'en la recevant dans la *philosophie première* ou *métaphysique*; ou en la subordonnant en partie à l'*analytique*, comme l'a fait Aristote en confondant les genres. Quant au *nom* que nous lui avons donné, nous l'avons tiré de son *usage*; car son véritable usage est proprement de faire la *critique des mots*, et de donner des avertissemens sur la signification qu'on y doit attacher. Il y a plus : cette partie qui traite des *prédicamens* ou *cathégories*, notre sentiment est que, pour peu qu'elle soit traitée comme elle doit l'être, son principal usage est d'empêcher qu'on ne confonde et qu'on ne transpose les limites des définitions et des divisions; aussi aimons-nous mieux le rapporter à cette partie : en voilà assez sur les *critiques de l'herménie*.

Quant à ce qui regarde l'*examen critique* des *images* ou des *fantômes*, il est certain que ces fantômes sont les plus profondes illusions de l'esprit humain; leur effet n'est pas seulement de tromper comme les autres, sur tel ou tel point, en obscurcissant le jugement et lui tendant des piéges; mais ils trompent en vertu de la disposition même de l'esprit avant de juger, et du vice de sa constitution, qui tend, pour ainsi dire, à défigurer et à infecter toutes les premières vues. Car tant s'en faut que l'esprit humain, enveloppé et offusqué, comme il l'est, par le corps, soit semblable à un miroir bien poli et bien net, qu'au contraire c'est une sorte de miroir magique et enchanté, qui ne présente que des fantômes. Or, les *fantômes* qui en imposent à l'entendement, dérivent de trois sources, ou de la *nature même* et *universelle* du *genre humain*, ou de la *nature particulière de chaque individu*, ou enfin des *mots*, c'est-à-dire de la *nature communicative* (1). Ceux du *premier genre*, nous les appellons ordinairement *fantômes de tribu*; le second, *fantômes* de *caverne*; le troisième, *fantômes* de *commerce*. Il est aussi un quatrième genre que nous désignons par le nom de *fantômes de théâtre*, et qui est comme entassé sur les autres par les *mauvaises théories ou philosophies*, et par les *fausses règles de démonstrations*: ce dernier genre, on peut l'abjurer et s'en débarrasser. C'est pourquoi nous n'en

---

(1) Car les mots sont l'instrument de la communication des pensées.

dirons rien pour le moment. Quant aux autres, disons qu'ils assiègent réellement l'esprit, et qu'il est impossible de les extirper entièrement. Il ne faut donc pas nous demander sur ce sujet une sorte de *traité analytique* (1); car cette partie de la doctrine des critiques, qui a pour objet les *fantômes*, est tout-à-fait radicale et élémentaire. Et s'il faut dire la vérité toute entière, *la doctrine des fantômes n'est pas susceptible* d'être réduite en art; tout ce qu'on peut faire pour s'en garantir, c'est d'user d'une certaine prudence contemplative. Quant à un traité

---

(1) Un traité analytique est un traité qui résout une science en *ses élémens*, et dans lequel, après avoir donné des notions claires, distinctes et exactes, en partant de l'expérience et de l'observation, s'il s'agit d'une science de faits; et des définitions, s'il est question d'une science d'idées, on combine ensuite par degrés ces notions 2 à 2, 3 à 3, etc. pour en former des touts plus ou moins composés : mais lorsqu'il s'agit des élémens mêmes, comme ici, la *décomposition* alors n'est plus possible; autrement ce ne seroient pas de vrais *élémens*.

complet et détaillé sur ce sujet, nous le renvoyons au *novum organum,* nous contentant de donner ici quelques observations générales.

Soit pour premier exemple des *fantômes de tribu,* celui-ci : l'entendement humain est de nature à *s'affecter plus vivement et plus fortement des opinions affirmatives* et *actives, que des négatives et des privatives;* quoiqu'en bonne logique, il dût se prêter également aux unes et aux autres. Mais par l'effet d'une disposition toute opposée, il suffit qu'un événement ait lieu de temps en temps, pour qu'il reçoive à ce sujet une impression beaucoup plus forte que celle qu'il recevroit en sens contraire, si l'événement trompoit son attente, ou si le contraire arrivoit plus souvent ; ce qui est comme la source de toute superstition et de toute vaine crédulité. Aussi est-ce une réponse fort judicieuse que celle de cet homme qui, voyant suspendus dans un temple les portraits de ceux qui, ayant fait des vœux au fort du danger, s'en étoient acquittés après être échappés au naufrage ; et qui, pressé par cette question : *eh bien actuellement reconnoissez-vous la divinité de Neptune ?* leur fit cette réponse : *à la bonne heure : mais où sont les portraits de ceux qui, ayant fait des vœux, n'ont pas laissé de périr ?* Il en faut dire autant de toutes les superstitions semblables, telles que les rêves de l'astrologie, les songes mystérieux, les présages et autres pareilles imaginations. Voici l'autre exemple : *l'esprit humain, vu qu'il est lui-même, quant à sa substance, égal et uniforme, présuppose et imagine, dans la nature des choses, plus d'égalité et d'uniformité, qu'il ne s'y en trouve réellement.* De là ce préjugé des mathématiciens, *que tout, dans les cieux, fait sa révolution dans des cercles parfaits;* et cela ils le disent en rejetant les lignes spirales (1). C'est d'après ce

---

(1) Les observations de Bradley et de Molineux prouvent directement que l'orbite dans laquelle la terre fait sa révolution annuelle, est de figure ellip-

même préjugé, que, bien qu'il y ait, dans la nature, tant de choses *uniques en leur espèce*, et tout-à-fait différentes des autres ; *l'esprit humain ne laisse pas d'imaginer, entre toutes ces choses, des relations, des analogies, une sorte de parallélisme*. C'est encore de cette source qu'est dérivée l'hypothèse de l'élément du feu avec son orbe ; comme pour *faire la partie quarrée* avec les trois autres, la terre, l'eau et l'air. Quant aux chymistes, inspirés par je ne sais quel fanatisme, ils ont rêvé que l'immensité des choses forme une sorte de bataillon quarré ; supposant ridiculement que, dans leurs quatre élémens, se trouvent des espèces tout-à-fait semblables les unes aux autres ; espèces qui, selon eux, se correspondent

---

tique ; mais comme cette ellipse a peu d'excentricité, elle tient beaucoup plus du cercle que de la spirale, et il est désormais prouvé que les spirales que les astres décrivent à nos yeux, ne sont que des apparences : c'est le chancelier Bacon qui est ici l'homme à préjugés.

et sont comme parallèles (1). Le troisième exemple qui touche de bien près au précédent, est cette supposition : que *l'homme est comme la règle et le miroir de la nature.* Car il n'est pas croyable (pour peu qu'on veuille entrer, sur ce sujet, dans certains détails), quelle armée de fantômes a introduit dans la philosophie ce préjugé, d'après lequel on s'imagine que *les opérations de la nature ressemblent aux actions humaines; cela même, dis-je, que la nature fait des choses toutes semblables à celles que fait l'homme :* préjugé qui ne vaut guère mieux que l'hérésie des *anthropomorphites,* née dans les cellules et la solitude de certains moines stupides; ni que l'opinion d'Épicure, qui, dans le pa-

___
(1) Cette hypothèse a donné lieu au roman de Lamekis, dont le but paroît être de la tourner en ridicule, en réalisant, par une fiction outrée, une partie de cette supposition ; car on y voit des *hommes-vers*, des *hommes-crapauds* (qui sont les *hommes de terre* ou *gnomes*), ainsi que des *hommes-marins*, des *sylphes* et des *salamandres*.

ganisme, répondoit à celle-ci, et qui attribuoit aux Dieux la forme humaine. Et qu'avoit besoin l'épicurien Velléius de demander pourquoi Dieu, semblable à un Édile, s'étoit amusé à garnir le ciel d'étoiles et de lampions? Si en effet Dieu eût voulu faire l'Édile, il eût donné aux étoiles quelque autre disposition plus belle, plus élégante et tout-à-fait semblable à ces plafonds si curieusement travaillés qu'on admire dans les palais. Mais tout au contraire, dans ce nombre infini d'étoiles, il seroit difficile d'en montrer qui, par leur arrangement, formassent une figure parfaitement quarrée, triangulaire ou rectiligne. Tant il est, pour l'harmonie, de différence entre l'esprit de l'homme et l'esprit de l'univers.

Quant aux fantômes de *caverne*, ils dérivent de la *nature propre* et *particulière de l'ame* et du *corps* de *chaque individu*, ainsi que de l'*éducation*, de l'*habitude*, et de *toutes ces causes fortuites et accidentelles* qui modifient les hommes. En effet, c'est un très bel emblême que celui de *l'antre* de Platon (1).

(1) Telle est l'idée qu'en peu de mots l'on peut donner de cet antre. Supposons que dans une caverne vaste et profonde, on ait pratiqué à la partie supérieure et latérale, une ouverture, par laquelle entre un faisceau de lumière qui éclaire la muraille opposée, et que vis-à-vis cette ouverture passent et repassent une infinité d'objets très différens par leurs figures, leurs couleurs, leurs attitudes, leurs mouvemens ; les ombres de ces objets seront projetées, et viendront se tracer sur la partie éclairée ; comme il arrive dans une chambre obscure, où l'on fait entrer la lumière par un trou pratiqué à un volet, mais sans ajuster à ce trou un verre lenticulaire : supposons encore qu'un homme tournant le dos à l'ouverture, considère les ombres, il pourra sans doute, par ce moyen, distinguer jusqu'à un certain point les formes, les attitudes et les mouvemens des objets répondans à ces ombres. Mais si, d'après ces seules ombres, il vouloit juger complettement de ces objets, par exemple, de leurs couleurs, il se formeroit une infinité d'opinions fantastiques et ridicules. Tels sont la plupart des jugemens que nous portons sur la nature et sur nos semblables, du fond de cette prison où notre ame est enfermée depuis la naissance jusqu'à la mort.

Car si, laissant de côté ce que cette parabole peut avoir de plus fin et de plus ingénieux, nous supposions qu'un homme qui, depuis sa plus tendre enfance jusqu'à l'âge de maturité, eût vécu dans une caverne obscure et profonde, vînt à sortir tout-à-coup et à paroître au grand jour; nul doute que cet homme, en contemplant ce magnifique et vaste appareil du ciel et des choses, frappé de ce spectacle si nouveau pour lui, ne conçût une infinité d'opinions fantastiques et extravagantes. Quant à nous, à la vérité, nous vivons sous l'aspect des cieux; mais nos ames pourtant demeurent renfermées dans nos corps, comme dans autant de cavernes, ensorte qu'il est force qu'elles reçoivent une infinité d'images trompeuses et mensongères, si elles ne sortent que très rarement de leurs cavernes et pour un temps fort court; au lieu de demeurer perpétuellement dans la contemplation de la nature et comme en plein air. A cet emblême de Platon répond parfaitement bien cette parabole d'Héraclite : *que les hommes cherchent les sciences dans leurs propres mondes, et non dans le grand.*

Mais rien de plus incommode que les *fantômes de commerce* qui se sont insinués dans l'entendement humain, en vertu *d'une convention tacite entre les hommes,* par rapport aux mots et à l'imposition des noms ; car, en imposant ces noms, on est obligé de les proportionner à l'intelligence du vulgaire, et de ne diviser les choses que par des différences qu'il puisse saisir. Mais lorsqu'un esprit plus pénétrant, ou un observateur plus exact veut les distinguer avec plus de précision, les mots s'y opposent à grand bruit. Et le moyen qu'on emploie pour remédier à cet inconvénient, je veux dire les *définitions,* n'est rien moins que suffisant pour réparer le mal ; ces définitions elles-mêmes étant composées de mots ; et il arrive ainsi que les mots enfantent d'autres mots (1). Car, bien

---

(1) Les mots dont les définitions sont composées

que nous nous flattions de commander aux mots, et qu'il soit aisé de dire : il *faut parler comme le vulgaire* et *penser comme les sages;* que de plus les termes consacrés aux arts, lesquels ont cours seulement parmi ceux qui y sont versés, semblent suffire pour remplir cet objet ; qu'enfin les définitions dont nous avons parlé, mises en tête des arts, suivant la louable coutume des mathématiciens, puissent, jusqu'à un certain point, corriger les mauvaises acceptions de mots ; néanmoins toutes ces précautions seront insuffisantes, et n'empêcheront pas que les prestiges et les enchantemens des mots, se tournant de nouveau contre l'entendement, à la manière de ces tartares qui combattent en fuyant, ne lui

---

ont aussi besoin d'être définis jusqu'à ce qu'on soit arrivé à ceux qui expriment des sensations simples; car alors la meilleure définition possible des mots qui expriment ces sensations et de ceux qui désignent les objets qui les excitent, c'est de nous faire éprouver ces sensations en présentant ces objets à nos sens, ou de nous les rappeler, si nous les connoissons.

renvoient les traits qui en sont partis, et ne lui fassent une sorte de violence : c'est pourquoi ce mal exige un remède nouveau, et qui pénètre plus avant. Mais ce sujet nous ne faisons ici que le toucher en passant, nous contentant pour le moment de prononcer qu'il *nous manque* cette doctrine, que nous appellons les *grands sophismes*, ou doctrine *des fantômes*, soit *natifs*, soit *adventices de l'esprit humain* ; renvoyant au *novum organum* le traité où ce sujet est manié comme il doit l'être.

Reste une certaine appendice notable de l'*art de juger*; appendice que nous rangeons aussi parmi les *choses à suppléer*; car Aristote a bien indiqué ce sujet-là, mais sans rien dire de la manière de le traiter. Cette science considère *quelle démonstration* l'on doit choisir, et à *quelles matières*, à *quels sujets* l'on doit les appliquer; ensorte que cette doctrine renferme, pour ainsi dire, *les jugemens des jugemens mêmes*; et c'est avec beaucoup de fondement que ce philosophe dit qu'il ne faut demander *ni des démonstrations aux orateurs, ni du pathétique aux mathématiciens.* Ensorte que si l'on se méprend dans le choix de la preuve, on ne peut juger définitivement, attendu qu'il est quatre sortes de démonstrations; savoir: par le *consentement immédiat* (1) *et les notions* (2), ou par l'*induction* (3),

---

(1) Résultant, ou du *sens intime* qui nous avertit de notre propre état, ou des sensations qu'excitent les objets extérieurs, et qui nous informent de l'état où ils sont, du moins *relativement à nous.*

(2) C'est-à-dire en faisant voir que ce qu'on attribue au sujet proposé (ou, en seul mot, que l'*attribut*), est une conséquence immédiate de la notion même ou de l'idée qu'en ont les personnes auxquelles on parle ; idée qu'alors on *analyse* ou *décompose*, et résout en ses idées élémentaires.

(3) C'est-à-dire en montrant, par une énumération aussi exacte qu'il est possible, et avec les précautions qu'il indiquera dans le *novum organum,* que la proposition en question n'est autre chose que l'*expression collective* d'un grand nombre de faits connus ou faciles à connoître. C'est ce qu'on nomme aussi *preuve à posteriori.*

ou par le *syllogisme* (1), ou enfin par ce qu'Aristote appelle avec raison, *la démonstration en cercle* (2), non à l'aide

---

(1) Ou par la *synthèse* ou *à priori*, genre de preuve qui consiste à faire voir que la proposition en question est une conséquence nécessaire, un cas particulier, d'une proposition plus générale, incontestable, ou non contestée, soit *définition*, soit *axiôme*, soit proposition déja établie, soit enfin *supposition visiblement permise*.

(2) Ou preuve par *analogie*, qu'on peut aussi nommer *à latere*, et qui consiste à faire voir que l'attribut en question convient à plusieurs sujets analogues au sujet proposé qu'on leur compare, d'où l'on infère que cet attribut convient aussi à ce dernier sujet. Ces trois dernières espèces de preuves sont les preuves *médiates*, *positives* ; mais il est aussi trois espèces de preuves *médiates*, *négatives* ; savoir : 1°. *à posteriori*, en déduisant régulièrement de la proposition en question des propositions manifestement fausses ; ce qui suffit pour prouver la fausseté de celle dont on est parti, et qui a servi de principe : 2°. *à priori*, ou en faisant voir que la proposition en question est une conséquence nécessaire d'un principe manifestement faux et contradictoire au principe dont cette proposition en question est aussi une conséquence

de choses plus connues et plus élevées, mais en restant, pour ainsi dire, sur le même plan. Chacune de ces quatre espèces de démonstrations a, dans les sciences, ses matières, ses sujets, auxquels elle s'applique naturellement; et il en est d'autres qui l'excluent : car cette rigueur et cet esprit minutieux, qui fait qu'en certains sujets l'on exige des preuves trop sévères, et beaucoup plus encore cette facilité à se relâcher qui porte dans d'autres sujets, à se contenter de preuves fort légères, sont les deux genres d'excès qui ont porté le plus de préjudice et fait le plus obstacle aux sciences. Mais en voilà assez sur *l'art de juger*.

---

nécessaire, d'où l'on infère la vérité de ce dernier principe et de cette dernière proposition : 3°. *à latere*, en montrant que l'attribut diamétralement opposé à l'attribut en question, convient au sujet aussi diamétralement opposé au sujet en question; d'où l'on conclut que le dernier attribut convient au dernier sujet.

CHAPITRE V.

Division de l'art de retenir, *en doctrine, des* adminicules de la mémoire, *et doctrine de la* mémoire même. *Division de la doctrine de la mémoire en* prénotion *et* emblême.

Nous diviserons l'*art de retenir* et de *conserver*, en deux doctrines; savoir : en *doctrine des adminicules de la mémoire*, et *doctrine de la mémoire même*. L'*adminicule de la mémoire*, c'est proprement l'*écriture*. Mais le premier avertissement que nous devons donner ici, c'est que, sans cet adminicule, les sujets qui ont beaucoup d'étendue, et qui exigent beaucoup d'exactitude, surpassent les forces de la *mémoire*, et que, sans le secours d'un écrit, elle est *non recevable*; règle qui a aussi lieu dans la *philosophie inductive* et dans l'*interprétation de la nature*; car autant vaudroit dire qu'un homme peut, à l'aide de sa seule mémoire, et sans le secours d'aucun écrit, faire tous les calculs d'un livre d'éphémérides, que de soutenir que la simple méditation, les forces natives, et toutes nues, de la mémoire, suffisent dans l'interprétation de la nature. En un mot, elle ne peut rien sans le secours de *tables bien ordonnées*. Mais laissant de côté l'*interprétation de la nature*, qui est une doctrine toute neuve, je dis que même dans les sciences anciennes et populaires, il n'est peut-être rien de plus utile qu'un adminicule de la mémoire, solide et bien choisi; je veux dire, une *collection nourrie* et bien *digérée*, de *lieux communs;* car je n'ignore pas que l'usage de mettre tout ce qu'on lit ou qu'on apprend, sous la forme de *lieux communs*, est réputé fort préjudiciable à l'instruction; et qu'on suppose qu'il n'a d'autre effet que de ralentir le cours de la lecture, et de rendre la mémoire plus paresseuse. Cependant comme, dans les sciences, c'est vouloir en imposer, que de se piquer de posséder un esprit vif et précoce, si cet esprit n'est en même temps enrichi de connoissances variées, et doué d'une certaine solidité; la peine et le soin qu'on se donne pour rassembler *des lieux communs*, nous paroît être de la plus grande utilité, et propre pour donner aux études de la fermeté, attendu qu'ils fournissent des matériaux pour *l'invention*, et qu'ils aiguisent le jugement, en le faisant concourir en un seul point. Mais il faut convenir que parmi les méthodes et les systêmes de *lieux communs* que nous avons pu rencontrer jusqu'ici, nous n'en trouvons point qui soient de quelque prix; vu qu'à en juger par les titres, ils sentent plus l'école que le monde, n'employant que des divisions banales et pédantesques, et non de ces divisions qui pénètrent, en quelque manière que ce soit, dans l'intérieur, dans la moële même des choses.

Quant à la *mémoire* même, les recherches qu'on fait sur ce sujet, ont je ne sais quoi de mou et de languissant. Ce n'est pas que nous n'ayons quelques écrits sur cet art ; mais nous sommes assurés que non-seulement on pourroit avoir quelque chose de meilleur sur ce sujet ; et que, soit la théorie, soit la pratique de cet art pourroient être portées à un plus haut point de perfection. Cependant nous ne doutons nullement que, pour peu qu'on veuille en abuser, on ne puisse, par ce moyen, faire certains tours de force qui tiennent du miracle ; mais à la manière dont on l'emploie, ce n'est après tout qu'un talent presque stérile et de peu d'usage dans la vie ordinaire. Nous ne lui reprocherons pas pour cela de détruire et de surcharger la mémoire (ce qui est l'objection ordinaire), mais seulement de manquer de moyens assez ingénieux pour procurer à la mémoire de vraies facilités dans les affaires et les choses sérieuses ; notre manière de voir à nous, et ce tour d'esprit, nous le devons peut-être à notre genre de vie tout politique, est de faire peu de cas de ce qui ne va qu'à faire valoir l'art, sans être au fond d'aucune utilité. Car de retenir un grand nombre de noms et de mots, récités une seule fois, et de les répéter précisément dans le même ordre; ou de composer *impromptu* un grand nombre de vers sur quelque sujet que ce soit; ou encore de tourner en ridicule tout ce qui se présente, à l'aide de certaines similitudes; ou de tourner en plaisanterie toutes les choses sérieuses; ou enfin d'éluder les raisons les plus fortes par d'adroites contradictions, ou par des argumens captieux; et autres choses semblables, dont nous n'avons que trop bonne provision dans les facultés de l'ame, et qui, à force d'esprit et d'exercice, peuvent être portées jusqu'à un degré presque miraculeux; tous ces talens-là et autres de cette espèce, nous n'en faisons guère plus de cas, que des tours de souplesse des danseurs de corde, et des tours de main des joueurs de gobelets : car c'est au fond à peu près la même chose; les premiers abusant des forces de l'ame, comme les derniers abusent des forces du corps. Tout cela peut avoir quelque chose d'étonnant ; mais bien peu d'importance et de dignité.

Or, l'*art* de la *mémoire* s'appuie sur deux moyens ; sur la *prénotion* et l'*emblême*. Nous appellons *prénotion* une idée anticipée qui sert à resserrer et limiter une recherche sans fin. Lorsqu'on veut se rappeller quelque chose, si l'on n'en a une certaine *prénotion*, un certain apperçu, on cherche sans doute et l'on prend bien de la peine, l'esprit errant çà et là, et se perdant pour ainsi dire dans l'infini. Mais si l'on a quelque *notion* de ce que l'on cherche, dès-lors l'infini est, en quelque manière, resserré ; et la *mémoire* va cherchant plus près d'elle : il en est de cela comme de la chasse au daim dans un parc. Aussi l'*ordre* aide-t-il manifestement la *mémoire*. Nous sommes alors aidés par cette *prénotion : que ce que nous cherchons doit avoir quelque rapport avec cet ordre*. C'est ainsi que les *vers* sont plus aisés à apprendre par cœur, que la *prose*. Car, si quelque mot ne se présente pas d'abord, nous avons sous la main cette *prénotion : que ce mot doit être de nature à s'ajuster au vers.* Or, la *prénotion* est la première partie de la *mémoire artificielle*. En effet, dans la *mémoire artificielle*, nous avons déja des *lieux* tout préparés et tout arrangés. Quant aux *images*, nous les composons sur-le-champ, et selon que l'exigent les circonstances. Mais toujours avec cette *prénotion :* que l'*image* doit avoir quelque analogie avec le *lieu :* ce qui agace la mémoire, et l'arme, en quelque manière, pour trouver ce que nous cherchons.

Quant à l'*emblême*, il rend sensibles les choses intellectuelles. Car le *sensible* frappe toujours plus fortement la *mémoire* et s'y grave plus aisément que l'*intellectuel*. C'est pourquoi nous voyons que la *mémoire* des brutes est excitée par le *sensible*, et nullement par l'*intellectuel*. Aussi retiendrez-vous plus aisément l'image d'un chasseur poursuivant un lièvre; ou celle d'un pharmacien arrangeant des boîtes; ou celle d'un pédant prononçant un discours; ou encore celle d'un enfant récitant de mémoire une piéce de vers; ou enfin celle d'un acteur faisant des gestes sur la scène, que les notions mêmes d'invention, de disposition, d'élocution, de mémoire et d'action. Il est d'autres points qui se rapportent aux secours qu'on peut donner à la *mémoire,* comme nous le disions il n'y a qu'un instant. Cependant l'art dont nous sommes en possession, n'est composé que de ces deux parties déja indiquées. Mais de suivre en détail tous les défauts des arts, ce seroit nous écarter de notre plan. Ainsi nous ne dirons rien de plus sur l'*art de la mémoire.* Enfin, l'ordre naturel de notre sujet nous a conduits à ce quatrième membre de la *logique* qui traite de la *transmission* et de l'*élocution.*

LIVRE VI.
CHAPITRE I.

Division de la traditive en doctrine sur l'organe du discours, doctrine sur la méthode du discours, et doctrine sur l'embellissement du discours. Division de la doctrine sur l'organe du discours, en doctrine sur les marques des choses, sur la locution et sur l'écriture ; parties dont les deux dernières constituent la grammaire et en sont les deux divisions. Division de la doctrine sur les signes des choses, en hiéroglyphes et caractères réels. Seconde division de la grammaire en littéraire et philosophique. Aggrégation de la poésie, quant au mètre, à la doctrine sur la locution. Aggrégation de la doctrine des chiffres à la doctrine sur l'écriture.

Nul doute, roi plein de bonté, qu'il ne soit permis à chacun de se jouer de lui-même et de ses occupations. Qui sait donc si par hazard cet ouvrage que nous donnons ici, ne seroit pas tiré de quelque vieux manuscrit, trouvé dans cette fameuse bibliothèque de *Saint-Victor*, dont *maître François Rabelais* a donné le catalogue ? Car on y trouve un livre portant pour titre : *fourmillière des arts*. Quant à nous, sans doute, nous n'avons fait que former un petit tas de poussière, sous lequel nous avons serré une infinité de grains des arts et des sciences, afin que les fourmis pussent trotter vers cet asyle et s'y reposer quelque peu avant de se remettre à l'ouvrage. Or, c'est à la fourmi que le plus sage des rois renvoie tous les paresseux. Pour nous, nous déclarons tels tous ceux qui, contens d'user des acquisitions déja faites, ne sont point jaloux de faire, dans les sciences, de nouvelles semailles et de nouvelles moissons.

Passons donc à l'art de *transmettre*, d'*exprimer* et d'*énoncer* ce qu'on a déja *inventé*, *jugé* et *déposé* dans sa *mémoire*, nous le désignerons par le nom général de *traditive*. Il embrasse tous les arts qui ont pour objet les *mots* et les *discours*. Car, bien que la raison soit comme l'ame du discours; néanmoins, lorsqu'il s'agit de traiter de tels sujets, la raison et le discours doivent, ainsi que l'ame et le corps, être considérés chacun à part. Nous diviserons la *traditive* en trois parties; savoir : doctrine *sur l'organe du discours*, doctrine *sur la méthode du discours*, doctrine *sur l'embellissement* ou *l'ornement du discours*.

La doctrine sur *l'organe du discours*, communément reçue, et qui porte le nom de *grammaire*, se divise en deux parties : l'une, qui traite de la *locution*; l'autre, de l'*écriture*. Car c'est avec raison qu'Aristote dit que les *mots sont les étiquettes des choses*; et *les lettres, les étiquettes des mots*. Nous assignerons l'un et l'autre à la *grammaire*. Mais pour reprendre la chose de plus haut, avant d'en venir à la *grammaire* et à ses parties déjà indiquées, il est à propos de faire quelques observations générales sur l'instrument propre à l'art de *transmettre*. Cet art paroît avoir quelques autres enfans que les *mots* et les *lettres*. Commençons donc par poser ce principe : que tout ce qui est susceptible de différences en assez grand nombre pour pouvoir représenter distinctement toutes les notions diverses (pourvu toutefois que ces différences soient sensibles), peut être d'homme à homme le véhicule des pensées. Car nous voyons que des nations qui diffèrent par le *langage*, ne laissent pas de commercer assez bien à l'aide des seuls *gestes*. Et nous voyons aussi que certains individus, sourds et muets de naissance, mais qui ne manquent pas d'intelligence, s'entretiennent d'une manière admirable, avec ceux de leurs amis qui ont appris la signification de leurs *gestes*. Il y a plus : on a commencé à s'assurer qu'à la Chine et dans les contrées les plus reculées de l'Orient, l'on fait usage aujourd'hui de certains caractères *réels*, et non pas *nominaux;* caractères qui chez eux n'expriment ni des *lettres*, ni des *mots*, mais les *choses* et les *notions* mêmes (1) : et qu'un grand

---

(1) Ce passage me paroît avoir deux défauts. 1°. Comme ces deux termes ; *lettres* et *mots*, en latin, ainsi qu'en français, signifient également les mots *prononcés* et les mots *écrits*, il y a ici une équivoque ; et pour l'ôter, il faut, à ces deux termes, *lettres* et *mots*, joindre deux adjectifs qui en déterminent la signification. Appellons *signes sonores*, les lettres et les mots qui se *prononcent* ; et *signes figurés*, ceux qui s'*écrivent*.

Cela posé, 2°. quand nous lisons bas, nous prononçons intérieurement les signes sonores répondant aux signes figurés, ce qui vient, en grande partie, de ce qu'en apprenant à lire, nous nous sommes accoutumés à substituer ceux de la première espèce à ceux de la dernière, d'où il est arrivé que ces deux espèces de signes se sont associés pour toujours dans notre esprit. Si nous étions nés ou sourds ou muets, ou l'un et l'autre, alors ne pouvant avoir un *langage sonore*, nous n'aurions que des *signes figurés*, qui, faute de signes intermédiaires, exprimeroient immédiatement les idées des choses. Or, je dis qu'à cet égard il en est des Chinois comme de nous. Un Chinois ne pourroit pas lire à un autre Chinois sa propre écriture, s'il ne s'étoit accoutumé aussi à associer les nombre de ces nations, qui diffèrent tout-à-fait par le langage, mais qui s'ac-

idées des sons aux idées des figures. Ainsi, dans la langue chinoise comme dans la nôtre, les idées des signes figurés réveillent les idées des signes sonores, et ces dernières réveillent les idées des choses, de leurs relations et de leurs combinaisons. Quand on supposeroit même qu'outre l'écriture vulgaire ayant la même destination que la nôtre, les Chinois auroient inventé une sorte d'écriture hiéroglyphique, destinée à représenter immédiatement les idées des choses; chacun de ces caractères, en dépit d'eux, réveilleroit l'idée du signe sonore qui lui correspondroit; et celui-ci, l'idée de la chose indiquée par le signe figuré.

Ainsi Bacon n'a pas saisi la vraie différence entre l'écriture chinoise et la nôtre; différence qui consiste en ce que nos mots écrits sont formés de vingt-trois lettres seulement, et diversifiés par le nombre et la situation de ces lettres; au lieu que les élémens de leur écriture, qui sont beaucoup plus composés que nos lettres, sont innombrables comme nos mots. A proprement parler, l'alphabet chinois n'est qu'un alphabet ordinaire, qui a un grand nombre de lettres, mais qui pourroit être simplifié; puisque ces caractères différens, quant à leur tout, ayant beaucoup d'élémens communs, cordent quant à l'usage de cette espèce de caractères, communs à un plus grand nombre de contrées, communiquent entr'elles par ce moyen. Ensorte qu'un livre écrit en caractères de cette espèce, chacune de ces nations peut le lire et le traduire en sa propre langue.

Nous disons donc que ces *signes des*

---

peuvent être décomposés et réduits à ces élémens. Selon toute apparence, la langue qui se prononce, a été inventée avant celle qui s'écrit, par la même raison qu'un enfant crie long-temps avant d'être en état de tracer quelque figure; et voici, je crois, l'origine des alphabets. Quelqu'un, en réfléchissant sur la langue qu'il parloit, se sera apperçu que les mots de cette langue avoient des sons élémentaires, communs entr'eux; que ces *élémens sonores* n'étoient pas en fort grand nombre, et que toute cette diversité des mots du langage sonore étoit le résultat de la seule variation de ces sons élémentaires, par rapport au nombre et à la situation. En conséquence, il aura compris qu'en imaginant d'abord un nombre de caractères élémentaires, égal et répondant précisément à ce nombre de sons élémentaires, on pourroit ensuite, en combinant ces caractères en différens nombres et en *choses*, qui, sans le secours et l'entremise des mots, expriment ces mêmes choses, sont de *deux espèces*, dont la première est fondée sur l'*analogie*, et la seconde, purement *arbitraire*. Du premier genre sont les *hiéroglyphes* et les *gestes*: du dernier, sont ce que nous avons appellé les *caractères réels*. L'usage des

---

différentes situations, composer une infinité de mots écrits, répondant à tous les mots prononcés, et qui pourroient les représenter. Or, voilà ce que les Chinois n'ont pas fait : et un de nos enfans auroit autant de peine à apprendre notre écriture, qu'ils en ont à apprendre la leur, si, au lieu de s'exercer d'abord à tracer des lettres une à une, puis à les assembler deux à deux, trois à trois, etc. pour former des syllabes ; enfin, à assembler des syllabes pour former des mots entiers, il apprenoit successivement à tracer tous les mots entiers de la langue. Dans ce dernier cas, il est vrai, en apprenant à tracer les mots, il apprendroit à tracer les lettres qui en sont les élémens; mais il ne verroit pas ces lettres aussi distinctement, ne les connoîtroit pas aussi bien, et ne les traceroit pas aussi aisément que s'il eût appris d'abord à les tracer une à une.

hiéroglyphes est fort ancien; l'on y attachoit même une certaine vénération, sur-tout chez les Égyptiens, nation fort ancienne. Ainsi, les *hiéroglyphes* sont une sorte d'*écriture première-née* et plus vieille que les élémens mêmes des lettres, si ce n'est peut-être chez les Hébreux. Et les *gestes* sont une espèce d'*hiéroglyphes volans*. Car de même que les paroles volent et que les écrits restent, de même aussi ces hiéroglyphes exprimés par *les gestes*, passent; au lieu que les hiéroglyphes peints demeurent. Lorsque *Périandre*, consulté sur la manière d'affermir la tyrannie, ayant ordonné à l'envoyé de s'arrêter et de le regarder faire, se promenoit dans ce jardin, et faisoit sauter avec sa baguette les têtes des fleurs les plus hautes ; voulant dire qu'il falloit faire sauter aussi les têtes des grands; en agissant ainsi, il n'usoit pas moins d'*hiéroglyphes*, que s'il eût peint son action sur le papier. Quoi qu'il en soit, il est clair que les *hiéroglyphes* et les *gestes* ont toujours quelqu'*analogie* avec la chose signifiée, que ce sont des espèces d'*emblêmes*. Et c'est par cette raison que nous les avons qualifiés d'*emblêmes fondés sur l'analogie*. Quant aux *caractères réels*, ils n'ont rien d'emblématique et sont absolument sourds, semblables en cela aux élémens mêmes des lettres, ils sont purement *arbitraires;* et c'est la coutume qui leur a donné cours, en vertu d'une certaine convention tacite. On voit aussi que ce genre d'écriture exige une infinité de caractères ; car il doit y en avoir autant qu'il y a de mots radicaux. Ainsi cette partie de la doctrine sur l'*instrument* du *discours*, nous la rangeons parmi les *choses à suppléer*. Et quoiqu'elle puisse paroître d'une assez mince utilité, les *mots* et l'*écriture* étant pour la *traditive* des instrumens suffisans, nous avons cru toutefois devoir ici en faire quelque mention comme d'un sujet qui n'est pas tout-à-fait à mépriser. Car nous traitons ici, en quelque manière, de la *monnoie des choses intellectuelles*. Et il ne sera pas inutile, sur ce point, de savoir que, de même qu'on peut fabriquer de la monnoie avec toute autre matière que l'or et l'argent, on peut aussi fabriquer des *signes d'idées* avec toute autre chose que les *mots* et les *lettres*.

Passons donc à la *grammaire*. Cette science est, à l'égard des autres, une sorte de *commissionnaire*, dont l'emploi, à la vérité, n'est pas des plus nobles, mais pourtant des plus nécessaires, surtout dans ces derniers siècles, où l'on puise les sciences dans les langues savantes, et non dans les langues maternelles. On ne la jugera pas de peu d'importance, si l'on considère qu'elle fait la fonction d'une espèce d'antidote contre cette malédiction de la confusion des langues. Car l'industrie humaine fait tout ce qu'elle peut pour se remonter, et pour se réintégrer dans ces bénédictions dont elle est déchue par sa faute. Or, contre cette première malédiction, dont l'effet est la *stérilité de la terre*, en mangeant son pain à la sueur de son front, elle se fortifie et s'arme de tous les autres arts. Et contre cette seconde malédiction, dont l'effet est la *confusion des langues*, elle appelle à son secours la *grammaire;* art qui, à la vérité, n'est pas d'une grande utilité dans les langues maternelles; mais dont l'usage est plus étendu, quand il est question d'apprendre les langues étrangères; et infiniment plus, lorsqu'il s'agit de ces langues qui ont cessé d'être vulgaires, et qui ne se perpétuent que dans les livres.

Nous diviserons la *grammaire* en deux parties, dont l'une sera *littéraire;* et l'autre, *philosophique.* L'une n'est d'usage que pour les *langues;* savoir, pour les apprendre plus vîte, ou les parler plus purement et plus correctement; mais l'autre est de quelque utilité en *philosophie.* Nous nous rappellons à ce sujet, que César avoit composé un livre sur l'*analogie*. Il nous est d'abord venu dans l'idée que ce pouvoit bien être cette *grammaire philosophique* dont nous parlons ici. Nous soupçonnons toutefois qu'il ne s'y trouvoit rien de si profond ou de si relevé, et qu'elle ne renfermoit que les préceptes à suivre, pour acquérir une diction correcte et châtiée ; une diction qui ne s'écartât jamais du meilleur usage, et qui n'eût aucune teinte d'affectation (1). Néanmoins, en partant de cette idée même, nous avons embrassé par notre pensée le projet d'une sorte de *grammaire philosophique*, où l'on observeroit avec soin, non l'*analogie* des *mots entr'eux*, mais l'*analogie* qui règne entre les *mots* et les *choses*, ou la *raison ;* en-deçà toutefois des limites de cette *herménie* qui est subordonnée à la *logique*. Nul doute que les mots ne soient des vestiges de la raison. Or, les traces

---

(1) Il n'est guère probable qu'un homme qui avoit des vues si élevées, se soit amusé à composer une grammaire proprement dite ; ni qu'un homme qui avoit si peu de loisir, en ait pu composer une *philosophique ;* mais ce qui est beaucoup plus vraisemblable, c'est que cette grammaire étoit *réthorique*, c'est-à-dire qu'il y enseignoit l'art de gouverner les hommes par les mots ; art qu'il possédoit si bien !

fournissent aussi quelques indications sur le corps même qui a passé. Nous donnerons donc ici une légère esquisse de cette grammaire. 1°. Nous ne goûtons nullement cette recherche minutieuse que Platon, génie du premier ordre, n'a pourtant pas dédaignée; je veux dire celle qui a pour objet la première imposition des noms, l'*étymologie des mots*; recherche où l'on part de cette supposition : qu'à l'origine des langues l'invention des mots ne fut rien moins qu'arbitraire ; mais qu'elle fut dirigée par une sorte de raisonnement, et qu'elle fut dérivée, déduite avec une certaine intelligence. C'est sans contredit un fort beau sujet; c'est une cire flexible dont on fait tout ce qu'on veut. De plus, comme cette science-là semble pénétrer dans le sanctuaire des antiquités, elle jouit d'une sorte de vénération; quoiqu'au fond l'on y trouve peu de vérité, et encore moins d'utilité (1).

---

(1) Ce n'est pas un moyen pour acquérir une science qui, à proprement parler, soit *nouvelle*;

Mais enfin si l'on vouloit avoir une *grammaire* vraiment excellente, il faudroit qu'un homme versé dans beaucoup de langues, soit savantes, soit vulgaires, traitât de leurs différentes propriétés, et nous dît en quoi chacune excelle et en quoi elle pèche ; c'est ainsi que les langues peuvent s'enrichir par leur com-

---

mais c'en est un excellent pour retrouver la science perdue, faute d'attention, ce qui seroit vraiment nouveau ; car en analysant les mots primitifs, on découvre ce qu'avoient dans l'esprit ceux qui les imaginèrent. Par exemple, on s'apperçoit *que les mots qui servent à exprimer les différentes qualités de l'esprit et du caractère, sont presque toujours ceux qui servent aussi pour exprimer les dispositions physiques, dont ces dispositions morales sont la cause ou l'effet* ; principe dont cet ouvrage que nous avons publié sous le nom de *méchanique morale*, est la continuelle application. Ces premiers hommes, qui inventèrent peu à peu les langues, ne suivant, dans l'imposition des noms, que l'impulsion du *besoin*, observèrent plus exactement les loix de l'*analogie* et de l'*association des idées* que nous, qui, en imaginant de nouveaux termes, ne cherchons qu'à briller.

merce mutuel; et que, de ce qu'on trouveroit de plus beau dans chaque langue, on pourroit former une image de discours parfaitement belle, une sorte de modèle exquis et semblable à la *Vénus d'Apelle*, à l'aide duquel on exprimeroit convenablement les conceptions et les sentimens de l'ame. Et ce qu'on ne seroit guère porté à croire, c'est que d'une telle *grammaire* on pourroit encore tirer des indications assez fortes et très dignes d'observation, sur les mœurs et le génie des peuples et des nations ; je veux dire, par la simple considération de leurs langues. J'aime à entendre Cicéron lorsqu'il observe que, *chez les Grecs, manquoit le mot qui répond au mot ineptus* (inepte) des Latins: *par la raison*, dit-il, *que ce vice étoit si familier aux Grecs, qu'ils ne l'appercevoient pas même en eux* : censure vraiment digne de la gravité romaine. D'où vient aussi que les Grecs se donnoient tant de licence par rapport aux compositions de mots, et que les Romains, au contraire, étoient si sévères sur cet article. N'en seroit-ce pas assez pour conclure que les Grecs étoient plus propres pour les arts ; et les Romains, pour l'action ? Car les distinctions nécessaires dans les arts exigent de fréquentes compositions de mots ; au lieu que les affaires et l'action demandent un langage plus simple. De plus, les Hébreux avoient tant d'aversion pour ces compositions de mots, qu'ils aimoient mieux abuser d'une métaphore, que d'introduire un nouveau terme composé. Ce n'est pas tout encore : leurs mots sont en si petit nombre et si peu mélangés, qu'on voit bien à sa langue même que cette nation étoit vraiment *nazaréenne* et séparée des autres. N'est-ce pas encore une chose bien digne de remarque (quoique nous autres modernes, nous ne laissions pas d'avoir un peu de vent), que, quoique les langues anciennes fussent si bien pourvues de *déclinaisons*, de *cas*, de *conjugaisons* (1),

---

(1) La langue arabe a treize conjugaisons.

de *temps* et autres choses semblables, les modernes en soient presque totalement dépourvues, et que le plus souvent elles se tirent lâchement d'affaire, à l'aide des *prépositions* et des *verbes auxiliaires* (1). Différence qui feroit soupçonner (malgré cette douce complaisance que nous avons pour nous-mêmes) que, dans les premiers siècles, les esprits avoient plus de finesse et de pénétration que de notre temps. Il est une infinité d'observations de cette espèce dont on pourroit faire un bon volume. Ce ne sera donc pas une attention étrangère à notre sujet, que de distinguer la *grammaire philosophique* de la grammaire *simple et littéraire*.

Nous croyons devoir aussi rapporter à

―――――――

(2) La langue maternelle de notre auteur a un grand nombre de prépositions, non pas mises au commencement de chaque mot, et incorporées avec lui, mais placées à la suite du verbe, et tout-à-fait séparées, du moins dans le langage écrit; car, dans la prononciation, elles ne font pour ainsi dire qu'un mot avec le verbe. La langue anglaise a de plus six principaux verbes auxiliaires.

la grammaire toutes ces différences accidentelles, dont les mots sont susceptibles ; *son, mesure, accent, etc*. Quant à ces causes et à ces circonstances, qui sont comme le berceau des lettres, je veux dire, si l'on demande par quel choc de la langue, quelle ouverture de la bouche, quel rapprochement des lèvres, quel effort du gosier, chaque lettre est engendrée, ces considérations-là n'appartiennent point du tout à la *grammaire* ; mais c'est une portion de la *doctrine des sons*, laquelle doit être traitée au chapitre du *sentiment* et des *choses sensibles*. Ce son *grammatical*, dont nous parlons ici, ce n'est que celui qui se rapporte aux *euphonies* et aux *dysphonies*. Il en est qui sont communs à toutes les langues. Par exemple, il n'en est point qui n'évite avec soin cet hiatus qui résulte du concours des voyelles, et ces aspérités, ces chocs résultant du concours de certaines consonnes. Il en est d'autres qui sont particuliers aux différentes langues, et qui, flattant l'oreille de telle nation, choquent celle de telle autre, et réciproquement. La *langue grecque* fourmille de diphtongues ; le *latin* en a beaucoup moins. L'*espagnol* repousse les lettres dont le son est grêle (1), et les convertit aussi-tôt en lettres moyennes (2). Les langues venues des *Goths* aiment les *aspirations* : il est beaucoup d'observations semblables à faire ; mais celles-ci même sont peut-être déja de trop.

Mais la mesure des mots a enfanté un art dont le corps est immense. C'est de la *poésie* qu'il s'agit, non pas quant à la *matière*, sujet déja traité, mais quant au *style* et à l'arrangement des mots ; je veux parler du *vers*, de la *versification*, en un mot. C'est un genre où l'art semble bien pauvre, mais où l'on trouve des exemples fort éclatans, et dont le nombre est infini ; et néanmoins cet art, au-

---

(1) Il oublie les poëmes épiques, auxquels ils sont principalement affectés.

(2) Comme l'*i* et l'*é* fermé.

quel les grammairiens donnent le nom de *prosodie*, ne devroit pas se borner à enseigner les différens genres et les différentes mesures de vers; on devroit encore y joindre des préceptes qui indiquassent quelle espèce de vers convient à chaque genre de matière ou de sujet. Les anciens consacroient (1) les vers héroïques aux histoires et aux panégyriques ; les vers élégiaques, aux sujets plaintifs; les vers iambiques, aux satyres ; les lyriques, aux odes et aux hymnes, et c'est une attention qu'ont eue aussi les poëtes modernes, chacun dans sa langue. Tout ce que j'y trouve à reprendre, c'est que certains amateurs excessifs de l'antiquité ont voulu ajuster les *langues modernes* aux mesures antiques, (héroïques, élégiaques, saphi-

---

(1) On observe dans le physique de cette langue la même enflure, la même bouffissure que dans le style et le caractère du peuple qui la parle; beaucoup d'*a* et d'*o* : c'est la langue de l'orgueil.

ques), mesures que la constitution même de ces langues repousse, et que l'oreille ne repousse pas moins. Dans ces sortes de choses, c'est plus au sentiment qu'aux préceptes de l'art qu'il faut s'en rapporter; à l'exemple de celui qui a dit : *j'aimerois mieux que la bonne chère de notre souper eût plu à mes convives qu'à mes cuisiniers;* car ce n'est pas là proprement l'art, ce n'en est que l'abus, attendu que ces rafinemens, loin de perfectionner la nature, ne font que la pervertir. Quant à ce qui regarde la poésie, soit qu'on parle des *fractions* ou du *mètre,* c'est, comme nous l'avons déja dit, une herbe qui pousse par-tout, qui vient sans graine, et en vertu de la vigueur même du sol; aussi la voit-on serpenter en tous lieux, et se répandre au loin, ensorte qu'il est inutile de s'amuser à en rechercher les défauts, et que le mieux est de nous débarrasser de ce soin. Quant à l'accent des mots, nous n'avons garde de traiter un sujet si mince, à moins qu'on ne juge nécessaire d'observer qu'on a fait des remarques très fines sur les accens des mots, sans rien dire sur les accens des sentences mêmes. C'est néanmoins un usage commun au genre humain tout entier, que de baisser la voix sur la fin de la phrase, de l'élever dans les interrogations; et les observations de ce genre ne sont pas en petit nombre. Voilà ce que nous avions à dire sur cette partie de la grammaire, qui a pour objet la *locution*.

Quant à ce qui regarde l'*écriture*, on emploie dans cette vue, ou l'*alphabet vulgaire*, et généralement reçu, ou des *caractères occultes* et particuliers, dont on est convenu avec ses correspondans, et auxquels on donne le nom de *chiffres*. Mais l'*ortographe vulgaire* a aussi donné lieu à une question, et occasionné des disputes. Il s'agit de savoir si l'on doit écrire les mots précisément comme on les prononce, ou s'il ne vaut pas mieux se conformer entièrement à l'usage; mais cette *écriture* qui se donne pour *réformée*, je veux dire celle qui se *conforme* à la *prononciation*, est de ces subtilités qu'on peut regarder comme inutiles. Car enfin la *prononciation* même varie à chaque instant, et n'a rien de fixe, ce qui fait disparoître entièrement les dérivations de mots, sur-tout de ceux qui sont tirés des langues étrangères. Enfin, comme l'écriture qui se conforme à l'usage, n'empêche en aucune manière de prononcer les mots comme on l'entend, mais qu'elle laisse toute liberté à cet égard, à quoi bon cette innovation (1)?

---

(1) 1°. A rendre les langues plus faciles à apprendre, du moins la manière de les écrire ; car s'il est dit une fois qu'on doive écrire certains sons de telle manière, toutes les fois que ces sons se présenteront, on saura comment on doit les écrire ; au lieu que si l'usage veut qu'on les écriye tantôt d'une manière, et tantôt de l'autre ; comme il n'y aura plus, sur ce point, de règle fixe, les enfans et les étrangers seront souvent embarrassés, et il faudra un temps infini pour se familiariser avec les *anomalies* de l'usage. En second lieu, si l'écriture étoit toujours parfaitement d'accord avec la prononciation, celle-ci varieroit moins rapidement ;

Il faut donc en venir aux *chiffres*, dont les différens genres ne sont pas en petit nombre ; car il y a les *chiffres simples* (1), *les chiffres mêlés de caractères non signifians* (2), *les chiffres où un seul caractère représente plusieurs lettres* (3), *les chiffres à roues* (4),

---

car alors à chaque fois qu'on s'écarteroit de la règle en prononçant les mots, on y seroit rappellé par les livres et les autres écrits, et cette règle seroit une sorte de loi écrite.

(1) Dont chaque lettre répond à une lettre de l'alphabet ordinaire, et est d'une forme différente.

(2) Où l'on joint aux lettres, ou aux mots reçus, d'autres lettres ou d'autres mots, qui, par leur mélange avec les premiers, empêchent de distinguer ceux qui sont destinés à signifier.

(3) Comme ceux de la plupart des écritures tachygraphiques, qui toutes peuvent servir de chiffres.

(4) C'est une espèce de cadran, sur lequel sont tracées deux circonférences de cercle concentriques, autour desquelles sont écrites les lettres de l'alphabet ordinaire. A l'aide d'un signe convenu, et placé dans un certain endroit de la lettre, on sait à quelle lettre du cercle extérieur

les chiffres à clef (1), *les chiffres de mots* (2), *et beaucoup d'autres.* Or, les conditions requises dans un chiffre sont au nombre de trois; 1°. ils doivent être *faciles,* et ne pas exiger trop de temps, soit pour les écrire, soit pour les lire; 2°. ils doivent être *sûrs,* et tels qu'il soit tout-à-fait impossible de les dé-

---

doit répondre l'*a* du cercle intérieur, et de même les autres lettres, en raison de leur rang dans l'alphabet. Par exemple, supposons que dans un endroit convenu de la lettre soit une F, cela signifie que dans l'écriture occulte, l'F vaudra un *a*, le *g* un *b*, l'*h* un *c*, etc. Celui qui reçoit la lettre, fait tourner le cercle intérieur du cadran, de manière que l'*a* de ce cercle réponde à l'F du cercle extérieur; et alors, au lieu de chacune des lettres de l'épître qu'il a reçue, il écrit celles qui leur correspondent dans le cercle intérieur, etc.

(1) J'ignore ce qu'il entend par chiffres à clef, car tout chiffre a nécessairement une clef; et cette condition, qui est commune à tous, ne constitue nullement une espèce particulière de chiffres.

(2) Les chiffres de mots sont ceux dont chaque caractère représente un mot entier; telles sont encore certaines écritures tachygraphiques.

chiffrer. J'ajouterai enfin qu'il faut, autant qu'il est possible, qu'ils ne fassent naître aucun soupçon; car si la lettre vient à tomber entre les mains de gens qui aient quelque autorité sur ceux qui les ont écrites, ou à qui elles sont adressées, le chiffre a beau être sûr, et le déchiffrement impossible, néanmoins cela même donne lieu à des recherches et à un examen quelquefois rigoureux, à moins que le chiffre ne soit de nature à ne faire naître aucun soupçon, ou à éluder l'examen. Quant à ce but d'*éluder l'examen*, il suffit d'un moyen aussi nouveau qu'utile, que nous connoissons; et comme il est sous notre main, à quoi bon ranger cet article parmi les *choses à suppléer*, au lieu de proposer ce moyen même : or, voici en quoi il consiste. Ayez deux alphabets, l'un de lettres *véritables*, l'autre de *lettres non signifiantes*, puis enveloppez l'une dans l'autre deux lettres différentes, dont l'une contienne le secret, et l'autre soit de ces lettres que celui qui écrit auroit, selon toute apparence, pu envoyer dans les circonstances données, sans y rien mettre toutefois qui puisse exposer. Que si l'on vous interroge avec sévérité sur ce chiffre, présentez l'alphabet des lettres non signifiantes, en les donnant pour les vraies lettres; et réciproquement. Par ce moyen, l'examinateur tombera sur cette lettre extérieure, et comme il la jugera vraisemblable, il n'aura aucun soupçon par rapport à la lettre intérieure. Mais afin d'éloigner toute espèce de *soupçon*, nous ajouterons un autre moyen que nous imaginâmes, dans notre première *jeunesse*, durant notre séjour à Paris, et c'est une invention qui même aujourd'hui ne nous paroît pas indigne d'être conservée; car elle a un avantage qu'on peut regarder comme le plus haut degré de perfection d'un *chiffre, celui d'être propre pour exprimer tout à l'aide de tout,* de manière cependant que la lettre qu'on enveloppe, a cinq fois moins de volume que celle dans laquelle elle est enveloppée; elle n'exige aucune autre condition ou restriction. Voici en quoi elle consiste : 1°. réduisez tout l'alphabet à deux simples lettres, à l'aide de la seule transposition ; car si vous placez deux lettres en cinq lieux différens, vous aurez trente-deux différences, ce qui est beaucoup plus que vingt-quatre, qui, chez nous, est le nombre des lettres de l'alphabet.

Voici un exemple de cet alphabet.

Exemple de l'alphabet bilittéraire.

A	B	C	D	E	F
aaaaa,	aaaab,	aaaba,	aaabb,	aabaa,	aabab,
G	**H**	**I**	**K**	**L**	**M**
aabba,	aabbb,	abaaa,	abaab,	ababa,	ababb,
N	**O**	**P**	**Q**	**R**	**S**
abbaa,	abbab,	abbba,	abbbb,	baaaa,	baaab,
T	**V**	**W**	**X**	**Y**	**Z**
baaba,	baabb,	babaa,	babab,	babba,	babbb.

Et cet alphabet, son effet ne se réduit pas à un léger avantage qu'on gagne en passant ; mais cette idée même fournit un moyen, à l'aide duquel, à toute distance, et par des objets sensibles à la vue ou à l'ouïe, ou pourroit exprimer et porter ses pensées, pourvu que ces objets fussent susceptibles de deux différences seulement, comme à l'aide des cloches, des trompettes, des feux, des coups de canon : mais pour revenir à notre objet, lorsque vous voudrez écrire, vous décomposerez la lettre intérieure, et l'écrirez en caractères tirés de cet alphabet bilittéraire. Soit la lettre intérieure celle qui suit :

FUGE.

Exemple de cette décomposition.

F U G E
aabab, baabb, aabba, aabaa.

Ayez sous votre main un autre alphabet qui soit double, c'est-à-dire qui présente, sous une double forme, chacune des lettres de l'alphabet ordinaire, tant capitales que petites lettres, et de la manière qui vous sera la plus commode.

Exemple de l'alphabet sous deux formes.

```
a. b. a. b. a. b. a. b. a. b. a. b. a. b. a. b.
A. A. a. a. B. B. b. b. C. C. c. c. D. D. d. d.
a. b. a. b. a. b. a. b. a. b. a. b. a. b. a. b.
E. E. e. e. F. F. f. f. G. G. g. g. H. H. h. h.
a. b. a. b. a. b. a. b. a. b. a. b. a. b. a. b.
I. I. i. i. K. K. k. k. L. L. l. l. M. M. m. m.
a. b. a. b. a. b. a. b. a. b. a. b. a. b. a. b.
N. N. n. n. O. O. o. o. P. P. p. p. Q. Q. q. q.
a. b. a. b. a. b. a. b. a. b. a. b. a. b. a. b.
R. R. r. r. S. S. s. s. T. T. t. t. V. V. v. v.
a. b. a. b. a. b. a. b. a. b. a. b. a. b. a. b.
W. W. w. w. X. X. x. x. Y. Y. y. y. Z. Z. z. z.
```

Cela posé, vous ajusterez, lettre par lettre, la lettre extérieure à la lettre intérieure déja écrite en caractère de l'alphabet bilittéraire, et vous l'écrirez ensuite, soit la lettre extérieure :

Manere te volo, donec venero.

Exemple de la manière d'ajuster les deux lettres.

F.　　U.　　G.　　E.
aabab. baabb. aabba. aabaa.

Manere te volo, donec venero.

Nous avons ajouté ici un autre exemple plus étendu de ce même chiffre, qui sert à *tout écrire, à l'aide de tout.* Voici la lettre intérieure, qui n'est autre que cette lettre même des Ephores de Sparte, jadis envoyée sur la *Scytale.*

Perditae rei : Midarus cecidit, milites esuriunt, neque hinc nos extricare, neque hîc diutiùs manere possumus.

Lettre extérieure tirée de la première épître de Cicéron, et dans laquelle est enveloppée la lettre des Spartiates.

Ego omni officio, ac potiùs pietate ergà te, caeteris satisfacio omnibus, mihi ipse nunquàm satisfacio. Tanta est enim magnitudo tuorum ergà me meritorum, ut quoniàm tu, nisi perfectâ re, de me non conquiesti; ego, quia non idem in tuâ causâ efficio, vitam mihi esse acerbam putem; in causâ hâc sunt, Ammonius regis legatus apertè pecuniâ nos oppugnat. Res agitur per eosdem creditores, per quos, cum tu aderas, age-

batur regis causâ, si qui sunt qui velint, qui parati sunt, omnes ad Pompeium rem deferri volunt. Senatus religionis calumniam, non religione, sed malevolentiâ et illius regis largitionis invidiâ, comprobat, etc. (1).

Or, cette doctrine, qui a les *chiffres* pour objet, entraîne avec soi une autre doctrine qui lui correspond. Je veux dire l'art de *déchiffrer*, ou de deviner les chiffres, quoiqu'on ignore la clef du chiffre, ou le moyen dont on est convenu pour en cacher la signification.

---

(1) Comme les exemples que Bacon donne ici sont arrangés pour des mots latins, ni la lettre des Spartiates ni l'épître de Cicéron ne doivent être traduites en français; et d'ailleurs il s'agit moins ici du sens des mots latins que des lettres dont ils sont composés. Les personnes qui savent cette dernière langue, et qui auront bien conçu le méchanisme de ce chiffre, pourront s'amuser à substituer aux deux épîtres latines deux épîtres françaises; ce qui leur sera d'autant plus facile, que l'exposé de Bacon est un chef-d'œuvre de clarté et de netteté.

C'est sans contredit un travail des plus pénibles et des plus ingénieux; et il est, comme le premier, consacré au service des princes. Néanmoins, à l'aide d'un peu d'adresse et de précaution, on pourroit le rendre inutile; quoiqu'à la manière dont on s'y prend, il soit aujourd'hui d'un grand usage. En effet, si l'on inventoit des chiffres vraiment sûrs, on en trouveroit beaucoup qui éluderoient toute la sagacité du déchiffreur, et qui ne laisseroient pas d'être susceptibles d'être, soit lus, soit écrits, avec autant de promptitude que de facilité. Mais l'impéritie et l'ignorance des secrétaires et des commis, dans les cours des princes, est portée à tel point, que le secret des plus grandes affaires est confié à des chiffres dont la clef est trop facile à découvrir.

Cependant il se pourroit qu'on nous soupçonnât de n'avoir dans ce dénombrement et cette espèce de revue que nous faisons des arts, d'autre but que de développer ces troupes scientifiques que nous rangeons, pour ainsi dire, en bataille, afin de les grossir et de les multiplier à la vue. Quoiqu'au fond, dans un traité aussi succinct, il soit plus facile de faire un étalage de leur multitude, que de bien développer leurs forces. Mais nous, fidèles à notre plan, nous allons toujours pressant l'exécution de notre dessein ; et en formant ce globe des sciences, nous ne voulons rien omettre, pas même les plus petites isles, ou les plus éloignées. Qu'on ne pense pas non plus que ces arts, que nous ne faisons que toucher en passant, nous nous contentions de les effleurer. Qu'on dise plutôt que, travaillant sur un tas immense, nous en tirons, pour ainsi dire, les amandes et la moëlle, avec un instrument aigu. Quant au jugement qu'on doit porter sur notre travail, nous l'abandonnons aux hommes les plus versés dans les arts de cette espèce. En effet, comme la plupart de ces hommes, qui veulent passer pour des hommes universels, et qui ne manquent pas de faire parade des termes de tous les dehors de l'art, surprennent ainsi l'admiration des ignorans, tandis que les maîtres se moquent d'eux; nous espérons que nos efforts, obtenant un succès tout-à-fait opposé, arrêteront l'attention des plus habiles dans ces arts; tandis que les autres y attacheront moins de prix. Quant à ces arts qui peuvent être regardés comme d'un rang inférieur, si quelqu'un s'imaginoit que nous y attachons trop d'importance, qu'il regarde autour de lui, et il verra que ces mêmes hommes qui, dans leurs provinces, jouissent de la plus haute considération, et y sont regardés comme de grands hommes, des hommes célèbres, s'ils viennent à passer dans la capitale, y sont presque entièrement confondus dans la foule et y sont à peine apperçus. De même il n'est nullement étonnant que ces arts moins importans, lorsqu'ils se trouvent placés auprès des arts principaux et suprêmes, ne perdent beaucoup de leur dignité, quoiqu'ils paroissent à ceux qui en font leur principale occupation, quelque chose de beau et de grand ; mais en voilà assez sur l'instrument du discours.

CHAPITRE II.

La doctrine sur la méthode du discours est constituée comme une partie principale et substantielle de la traditive ; on la qualifie de prudence de la traditive. *Dénombrement des divers genres de méthodes, avec leurs avantages et leurs inconvéniens.*

Passons à la *doctrine sur la méthode du discours ;* c'est une science que l'on traite ordinairement dans la *dialectique,* dont on la regarde comme une partie. Elle a aussi trouvé place dans la *rhétorique* sous le nom de *disposition*. Mais l'usage où l'on est de la mettre ainsi au service des autres sciences, a été cause qu'on a omis une infinité de choses qui s'y rapportent et qui seroient utiles. C'est pourquoi nous avons cru devoir constituer une doctrine *positive et principale* de la méthode, et nous la désignons sous le nom général de *prudence de la traditive*. Ainsi la méthode ayant une grande diversité de genres, nous en donnerons plutôt l'*énumération* que la *division*.

Quant à la *méthode unique* et aux perpétuelles *dichotomies* (1), il est inu-

---

(1) Ramus vouloit que toutes les divisions et subdivisions ne fussent que de deux membres. Son intention étoit de mettre, à l'aide des divisions de cette espèce, en état de faire des dilemmes et des disjonctifs bien exacts; car l'on ne peut être assuré que les raisonnemens de ces deux espèces ont de la justesse que lorsqu'on est certain que la division, qui leur sert de base, est exacte, et l'on n'a cette certitude que dans le seul cas où elle est composée de deux membres contradictoires ; c'est-à-dire, dont l'un étant supposé, exclut l'autre nécessairement, ou réciproquement. Dans tout autre cas, je veux dire, lorsqu'un sujet se divise en 3, 4, 5 membres ou plus ; comme alors il n'y a plus rien dans la division même qui en justifie l'exactitude, on ne sait si ce nombre de membres qu'on trouve en divisant ce sujet, vient de ce qu'en effet il n'a pas un plus grand nombre de parties,

tile d'en parler ici ; ce ne fut qu'une sorte de nuage scientifique qui passa rapidement ; c'est un genre de méthode tout-à-fait superficielle et nuisible aux sciences. En effet, lorsque les hommes de cette trempe tordent les choses pour les ajuster aux loix de leur méthode, et qu'ils suppriment ou contournent, en dépit de la nature, tout ce qui ne se moule pas dans leurs *dichotomies*, ils font que les amandes et les graines des sciences leur échappent, et qu'il ne leur reste dans les mains que des noyaux, que des gousses desséchées et entièrement vides. Ce genre

---

ou de ce qu'on ne l'a pas encore assez analysé pour les découvrir toutes ; et c'est faute de cette considération, que dans le *novum organum*, Bacon voulant faire certains dilemmes et disjonctifs auxquels il donne le nom d'exemples de la croix (ce qui ne les rend pas meilleurs), tombe dans des paralogismes. Au lieu de se hâter ainsi de condamner Ramus, il auroit mieux valu tâcher de deviner son intention, et de découvrir de meilleurs moyens pour aller au même but. C'est ce que nous avons fait, comme on le verra par la suite.

de méthodes n'enfante que de stériles *simplifications*, et ruine tout ce que les sciences ont de solide.

Constituons donc la première différence de la méthode, de manière qu'elle se divise en *magistrale et initiative*. Or, quand nous employons ce mot d'*initiative*, notre idée n'est pas que la dernière ne sert que pour enseigner les *élémens* des sciences; et la première, pour transmettre la science en son entier. Mais, au contraire, empruntant un terme des choses sacrées, nous tenons pour *initiative*, celle dont l'office est de découvrir et de dévoiler les mystères des sciences. Car la méthode *magistrale* apprend à user de ce qu'on enseigne, et l'*initiative* apprend plutôt à le soumettre à l'examen : l'une adresse ses leçons au vulgaire des disciples; l'autre, aux *enfans de la science* : enfin l'une a pour but la manière de faire usage des sciences en les laissant telles qu'elles sont; et l'autre a pour objet leur continuation et leur avancement. La dernière de ces méthodes est une sorte de route abandonnée et inaccessible. Car à la manière dont on s'y prend même aujourd'hui pour enseigner les sciences, et les maîtres et les disciples semblent réunir leurs efforts et s'entendre pour entasser des erreurs. En effet, celui qui enseigne a grand soin de choisir une méthode dont l'effet soit qu'on ajoute foi à ce qu'il dit, et non une méthode qui le rende plus facile à examiner; et celui qui apprend, n'est pas fâché que le maître lui donne l'exemple de ne pas s'attacher à des recherches trop rigoureuses; et il a plus à cœur de ne point douter, que de ne point se tromper. Ensorte que le maître, séduit par l'amour de la gloire, prend bien garde de déceler le foible de sa science, et que le disciple, en haine du travail, ne veut pas éprouver ses forces. Cependant la *science qu'on transmet* comme une toile à ourdir, *doit être insinuée dans l'esprit des disciples, par la même méthode qui a guidé les premiers inventeurs*. Or, cette marche-là même, on pourroit sans contredit la suivre dans la science acquise par voie d'*induction*; mais, dans cette autre science anticipée et prématurée, qui est en usage, lorsqu'on a acquis des connoissances en la suivant, il ne seroit pas facile de dire comment l'on y est arrivé. Cependant nul doute que du plus au moins l'on ne puisse réviser sa propre science, repasser par la route qu'on a suivie en acquérant des connoissances, vérifier les consentemens qu'on a donnés successivement, et par ce moyen transplanter la science dans l'esprit du disciple, comme elle a germé dans l'esprit du maître. Et il en est, sur ce point, des arts comme des plantes. Si votre dessein n'est que de faire usage d'une plante, vous ne vous occupez guère de la racine. Mais, si votre dessein est de la transplanter dans un autre sol, il est plus sûr d'employer, dans cette vue, les racines, que les rejettons. C'est ainsi que les méthodes d'exposition aujourd'hui en usage, présentent des espèces de troncs scientifiques; troncs fort beaux, à la vérité, et d'un très bon service pour le charpentier, mais tout-à-fait inutiles au planteur. Que si vous voulez voir croître la science, laissez là ces troncs; tâchez seulement d'enlever les racines bien intactes et avec un peu de cette terre qui s'y attache. Or, ce genre d'exposition dont nous parlons, a quelque analogie avec cette méthode que suivent les mathématiciens, dans ce sujet qui leur est propre ; mais à parler en général, je ne vois pas que rien de semblable soit en usage, ni que personne se soit appliqué sérieusement à cette recherche. Ainsi, nous la compterons parmi les *choses à suppléer*, et nous l'appellerons tradition, transmission de la *lampe*, ou méthode consacrée aux *enfans de la science*.

Suit une autre différence, qui paroît avoir de l'affinité avec l'intention précédente, mais qui, dans le fait, y est presque opposée; car ces deux méthodes ont cela de commun, qu'elles séparent le vulgaire des auditeurs d'avec les disciples d'élite ; et cela d'opposé, que la première montre tout à découvert, au lieu que l'autre use de certains voiles. Disons donc, en partant de cette différence, que l'une est une *méthode exotérique;* et l'autre, une *méthode acroamatique.* En effet, cette différence que les anciens ont mise principalement dans les livres qu'ils publioient, nous la transporterons à la *méthode d'enseignement.* De plus, cette méthode *acroamatique* fut fort en usage chez les anciens, et ce fut avec beaucoup de prudence et de jugement qu'ils l'employèrent; mais ce genre d'exposition *acroamatique* ou *énigmatique* a été avili, dans ces derniers temps, par certains auteurs qui en ont abusé, comme d'un faux jour, pour débiter plus aisément leurs marchandises contrefaites.

Le but de cette méthode *mystérieuse,* et de ce voile dont elle couvre tout, paroît être d'écarter du sanctuaire des sciences le vulgaire (le vulgaire profane s'entend), et de n'y donner entrée qu'à ceux qui, ou aidés par les maîtres, devineroient le sens des paraboles, ou pourroient, par leur seule pénétration et leur propre sagacité, percer ces voiles.

Suit une *autre différence*, qui est de la plus grande importance dans les sciences ; c'est celle qui distingue l'exposition sous forme d'*aphorismes*, de l'exposition *méthodique*. Car ce qui mérite sur-tout d'être observé, c'est cette mauvaise habitude où sont la plupart des hommes, de s'emparer d'un petit nombre d'axiômes et d'observations sur quelque sujet que ce soit, et d'en composer un fantôme d'art complet et imposant, en le renflant de je ne sais quelles réflexions de leur crû, en le décorant d'exemples éclatans, et liant tout cela à l'aide du fil de la méthode. Cependant cette autre méthode d'exposition sous *forme d'aphorismes*, porte avec soi une infinité d'avantages auxquels n'atteint point l'*exposition méthodique*. 1°. Elle donne une idée de la capacité de l'écrivain, et met à portée de juger s'il n'a fait qu'effleurer cette science qu'il traite, ou s'il s'en est pénétré bien profondément. Il est forcé que ces *aphorismes*, sous peine d'être tout-à-fait ridicules, soient tirés des profondeurs, de la moële même des sciences. Car là il n'est plus question d'embellissemens et de digressions ; plus de fil ni d'enchaînement de conséquences, plus de pratique détaillée : ensorte qu'il ne reste plus, pour la matière des *aphorismes*, qu'une riche collection d'observations. Aussi ne sera-t-on pas en état de composer des *aphorismes*, et même n'y songera-t-on pas, si l'on ne se sent la tête meublée de connoissances aussi étendues que solides. Mais dans l'usage de la *méthode, la liaison et l'enchaînement a tant de pouvoir, et il est tant d'honneur attaché au talent de traiter les sujets communs,* qu'on trouve ainsi moyen de donner un certain vernis scientifique à des choses qui, pour peu qu'on les analysât et qu'on les considérât une à une, et toutes nues, se réduiroient presque à rien. En second lieu, l'*exposition méthodique*, bonne pour surprendre la croyance et l'assentiment des disciples, ne fournit pas d'indications pour la pratique; attendu qu'elle présente une sorte de *démonstration en cercle* et de *tout*, dont les parties s'éclairent réciproquement, et c'est en quoi elles plaisent davantage à l'entendement. Cependant, comme, dans la vie ordinaire, les actions sont *éparses*, et non arrangées dans un ordre marqué, les documens épars s'y rapportent mieux, et sont plus utiles pour les diriger. Enfin, ces *aphorismes* présentant les sciences comme par piéces et par morceaux, ils invitent le lecteur à y ajouter quelque chose du sien. Au lieu que l'*exposition méthodique* leur donnant l'air d'être complettes, jette les hommes dans la sécurité, et les porte à croire qu'ils ont saisi le tout.

Suit *une autre différence*, qui est aussi d'un grand poids; et c'est celle qui se trouve entre deux sortes d'expositions, dont l'une présente les *assertions avec leurs preuves*, et l'autre les *questions avec leurs solutions*. Quant à cette dernière méthode, lorsqu'on s'y attache excessivement, elle ne nuit pas moins au progrès des sciences, que ne nuiroit et ne feroit obstacle à la marche et aux succès d'une armée, un général qui s'amuseroit à attaquer tous les petits châteaux et toutes les bicoques qu'il trouveroit sur son chemin. En effet, si vous gagnez la bataille, et vous attachez constamment au fort de cette guerre, toutes ces petites places capituleront d'elles-mêmes. Il faut convenir pourtant qu'il ne seroit pas trop sûr de laisser derrière soi quelque ville grande et fortifiée. C'est ainsi que, dans l'exposition des sciences, il faut, en y entremêlant les réfutations, n'en user qu'avec épargne, et seulement pour ruiner les fortes préoccupations, les gros préjugés ; mais nullement pour exciter et provoquer les doutes les plus légers.

Suit une *autre différence de méthode, qui consiste à bien approprier cette méthode au sujet qu'on traite.* Car autre est la manière dont on enseigne les *ma-*

thématiques, qui sont ce que, dans les sciences, il y a de plus *abstrait* et de plus *simple*, autre, la manière d'enseigner la *politique*, qui est ce qu'il y a de plus embarrassé et de plus *compliqué*; et comme nous l'avons déja dit, une méthode *uniforme* ne convient point du tout dans une matière *très diversifiée*. Quant à nous, par la même raison que nous avons approuvé la *topique particulière* dans l'*invention*, nous voulons qu'on emploie aussi, jusqu'à un certain point, des *méthodes particulières* dans *l'exposition*.

Suit une *autre différence de méthode* dans l'exposition des sciences, méthode qu'il faut employer avec jugement; c'est celle qui profite des lumières et des vues sur la science à enseigner, qui ont été d'avance comme versées et fixées dans les esprits. Car autre est la manière dont on doit enseigner une science qui est tout-à-fait nouvelle et étrange pour les disciples, autre est la méthode qui convient à une science qui a de l'affinité avec les opinions dont leur esprit est déja imlui, et qui est, pour ainsi dire, de la même famille. Aussi Aristote, lorsqu'il veut, sur ce point, railler Démocrite, ne fait-il réellement que lui donner un éloge; voulons-nous, lui dit-il, *disputer sérieusement? Eh! laissons-là les similitudes;* lui reprochant ainsi de faire un trop grand usage des comparaisons : cependant ceux dont les opinions sont déja basées sur les opinions populaires, n'ont autre chose à faire que de bien poser la question, et de prouver ce qu'ils avancent. Au contraire, ceux dont les dogmes s'élèvent au-dessus de ces opinions populaires, ont deux choses à faire : 1°. de faire bien entendre ce qu'ils veulent dire, puis de prouver leurs assertions, ensorte que c'est une nécessité pour eux de recourir aux similitudes et aux métaphores, afin de s'insinuer dans les moindres esprits. Aussi voyons-nous que, durant l'enfance des sciences, et dans les siécles les plus grossiers, temps où ces principes, aujourd'hui triviaux et rebattus, étoient encore nouveaux, et paroissoient étrangers, tout étoit plein de *paraboles* et de *similitudes :* autrement que fût-il arrivé? qu'on n'eût pas remarqué ces nouvelles propositions, et qu'on n'y eût pas fait l'attention qu'elles méritoient, ou qu'on les eût rejetées comme autant de paradoxes. En effet, c'est une sorte de règle dans la *traditive,* que toute science qui ne s'ajuste pas aux idées qui la précèdent dans les esprits, doit emprunter le secours des *similitudes* et des *comparaisons.*

Voilà donc ce que nous avions à dire sur les *divers genres de méthodes,* je veux dire, sur ceux que d'autres jusqu'ici n'avoient pas indiqués. Car pour ce qui est de ces autres méthodes, l'*analytique,* la *systatique,* la *diéritique,* ainsi que des méthodes *cryptiques, homériques* et d'autres semblables, elles ont été heureusement imaginées et appliquées, et je ne vois aucune raison pour nous y arrêter.

Voilà donc les divers genres de méthode. Quant à ses parties, elles se réduisent à deux ; savoir : celle qui regarde la *disposition de l'ouvrage entier*, ou du sujet du livre, et celle qui a pour objet la *limitation des propositions*. Car l'architecture ne doit pas seulement s'occuper de la structure de l'édifice pris en entier; mais aussi de la forme des colonnes, des poutres et autres parties semblables. Or, la *méthode* est comme l'*architecture des sciences*. Dans cette partie-ci, Ramus a rendu de plus grands services, en renouvellant ces excellentes règles, κατα παντος κατα παντος, κατα αυτο (1), qu'en voulant à toute force faire adopter sa *méthode unique* et ses *dicothomies*. Mais je ne sais en vertu de quel malheureux destin il se fait que ce qu'il y a de plus précieux dans les choses humaines (comme les poètes le feignent souvent), est toujours confié aux pires gardiens. Ce sont certainement les tentatives pénibles qu'a faites *Ramus* pour perfectionner les propositions qui l'ont jeté dans ces abrégés, et l'ont fait

---

(1) Rapport au premier principe, rapport au tout, rapport à soi.

donner sur ces bas-fonds ; car il faut travailler sous les plus favorables auspices, et être guidé par le plus heureux génie, pour oser se mêler de rendre conversibles (1) les axiômes, sans les rendre en

---

(1) Rendre une proposition *conversible*, c'est trouver une définition si exacte de son sujet, que l'on puisse indifféremment affirmer du défini, la définition ; ou de la définition, le défini. C'est le cas de la plupart des définitions mathématiques : telle est, par exemple, celle du triangle ; car on peut dire également : un triangle est une figure terminée par trois lignes ; ou la figure terminée par trois lignes, est un triangle. Mais ce qu'on peut faire en mathématiques, parce que les définitions y sont purement idéales, et qu'en en déduisant des conséquences, on n'en tire que ce qu'on y avoit mis (comme l'observe Condillac), on ne peut le faire dans les sciences d'observation, parce qu'on n'y connoît jamais aucun sujet assez parfaitement, pour pouvoir en donner une définition complette, et que dans le cas même où l'on auroit cette connoissance complette, on n'en seroit jamais certain. Or, comme nous le disions, il faudroit que le sujet d'une proposition fût complettement défini, pour que la proposition à laquelle

même temps *circulaires* (1), et tels qu'ils reviennent sur eux-mêmes. Je ne disconviendrai pourtant pas que le travail de Ramus, sur cette partie, n'ait eu son utilité.

Mais il reste deux autres espèces de *limitations des propositions*, outre celles

---

il appartiendroit, fût *conversible* ; car, pour qu'elle le soit, il ne suffit pas que son attribut convienne à son sujet ; il faut encore que cet attribut soit tout ce qui lui convient, et que ce sujet ne soit rien de plus.

(1) Il arrive souvent, lorsqu'on se jette dans des raisonnemens fort composés, dont on n'a pas suffisamment examiné et vérifié chaque proposition élémentaire, qu'en enchaînant un certain nombre de propositions, dont la première, qui est celle à établir, doit être prouvée par la seconde, la seconde par la troisième, et ainsi de suite, on arrive enfin à une proposition qui n'est autre que cette proposition même qu'on vouloit établir, et qui, ainsi placée au bout de la chaîne, se trouve être alléguée pour preuve de toutes ces propositions qui l'ont précédée, et qui auroient dû la prouver elle-même. C'est ce que les scholastiques appellent *cercle vicieux*, ou *prouver le même par le même*.

qui servent à les *rendre conversibles;* l'une regarde leur *extension;* l'autre, leur *prolongement;* car, si l'on y fait bien attention, l'on trouve que les sciences, outre la *profondeur,* ont encore deux autres dimensions; savoir, la *largeur* et la *longueur:* la *profondeur* se rapporte à leur *vérité* et à leur *réalité;* car ce sont ces conditions qui donnent aux connoissances de la solidité. Quant aux deux autres, la *largeur* doit être prise et mesurée *d'une science à l'autre,* et la *longueur* se prend de la *proposition la plus élevée jusqu'à la plus basse, dans une même science.* L'une considère les *bornes* et les *limites* de chaque science : elle apprend à traiter les propositions dans leur véritable lieu, et à ne point *confondre les genres,* à éviter les *répétitions,* les *digressions,* et toute espèce de *confusion.* L'autre donne des règles pour savoir jusqu'à quel point, jusqu'à quel degré de *particularité* l'on doit déduire les propositions des sciences. Au reste, nul doute qu'en ceci l'on ne doive laisser quelque chose à faire à l'exercice et à la pratique, et il nous faut tâcher d'éviter l'excès où a donné *Antonin le pieux*; de peur d'être comme lui de ces gens qui *coupent en quatre un grain de millet*, et de multiplier minutieusement les divisions. Ainsi il est bon de savoir comment nous nous gouvernons nous-mêmes sur ce point. Car nous voyons que les principes trop généraux, si l'on n'en tire des conséquences, donnent peu de lumières, et qu'elles ont plutôt l'inconvénient d'exposer les sciences au mépris des praticiens, attendu que ces généralités ne servent pas plus dans la pratique, que la *chorographie universelle d'Ortétius* ne sert pour montrer le chemin de Londres à York (1). C'est avec assez de justesse que

---

(1) Seules, elles sont inutiles dans la pratique; mais réunies avec les propositions particulières, elles deviennent utiles, en aidant à y mettre de l'ordre; car c'est moins par le défaut de connoissances que nous sommes ignorans, que par le défaut d'ordre.

l'on compare les meilleures règles aux miroirs de métal, où, à la vérité, l'on voit les images, mais seulement après qu'ils ont reçu le poli. C'est ainsi qu'enfin les règles et les préceptes deviennent utiles, lorsqu'ils ont été sous la lime de l'exercice. Que si pourtant l'on pouvoit, dès le commencement, en les polissant suffisamment, leur donner une certaine netteté, une limpidité en quelque manière crystalline, ce seroit ce qu'on pourroit faire de mieux, vu qu'alors on n'auroit pas besoin d'un exercice si assidu. Voilà donc ce que nous avions à dire sur la science *de la méthode*, que nous avons désignée par le nom de *prudence de la traditive;* mais ce qu'il ne faut pas oublier ici, c'est que certains personnages, qui avoient plus d'enflure que de véritable science, ont pris bien de la peine pour nous procurer une méthode qui ne mérite certainement pas ce nom, et qu'on doit plutôt regarder comme une *imposture méthodique;* méthode qui ne laisse pas d'être du goût de certaines gens, qui se piquent de tout savoir. Elle consiste à arroser de quelques gouttes de science, des matières qu'on n'entend pas, ce qui donne à un demi-savant l'air de les entendre, et lui sert à se faire valoir. Tel est l'art de *Lulle*, telle la *typo-cosmie*, que certains auteurs ont fabriquée avec tant de peine; qui n'est qu'un amas de mots techniques, collection dont tout l'avantage consiste en ce qu'un homme qui est familier avec les termes de l'art, paroît avoir appris l'art même; mais un ramas de cette espèce ressemble à la boutique d'un chifonier, où l'on trouve assez de piéces et de loques, mais pas un morceau qui soit de quelque prix.

Fin du second volume.

ERRATA DE L'AUTEUR.

Tome II, pag. 334, note 2, lig. 10, au lieu de *régulièrement de la proposition en question ;* substituez : *régulièrement de la proposition contradictoire à la proposition à établir.*

Même note, lig. 13, après *de principes*, ajoutez : *et la vérité de sa contradictoire ; savoir de la proposition à établir.*

Même note, lig. 14, au lieu de, *que la proposition en question*, substituez : *que la proposition contradictoire à la proposition en question.*

www.ingramcontent.com/pod-product-compliance
Lightning Source LLC
Chambersburg PA
CBHW071904230426
43671CB00010B/1475